НЕЗАБЫВАЕМОЕ ДЕТСТВО

Оля Ярош

НЕЗАБЫВАЕМОЕ ДЕТСТВО

Непридуманные истории о детях для взрослых

Киев
Брайт Букс
2025

УДК 821.161.1(477)'06-322.6
Я77

ОЛЯ ЯРОШ

Я77 Незабываемое Детство. Непридуманные истории о детях для взрослых. — К. : Кириченко, 2025. — 160 с.
ISBN 978-966-426-255-9

Этот сборник состоит из небольших поучительных рассказов о детстве. В основе каждого из них — реальные события из жизни автора, воспоминания ее детей, родных и близких друзей. Все истории, как прекрасные незабудки, собраны в один благоухающий букет. Каждый цветок в нем особенный, ведь у героев этих рассказов неповторимый опыт детства, переданный с позиции разного возраста, разных стран и даже эпох.

Книга написана о детях, но предназначена для взрослых, для тех, чье детство хоть и осталось далеко позади в смысле прожитых лет, но при этом все еще очень близко, ведь всю жизнь мы носим его отпечаток в своем сердце.

УДК 821.161.1(477)'06-322.6

Эта книга не может быть использована полностью или частично
в любом виде без письменного согласия автора

Фото на обложке *М. Орлова*
На фотографии *Анечка Страчук, Ирина Страчук (племянница и тетя)*
Редактор *Е. Великородная*
Дизайн обложки *В. Макоед*
Иллюстрации *А. Бадсар*
Верстка *В. Кириченко*

Автор рассказа «Вера. Гречка за 100 рублей» *Вера Мищук*

ISBN 978-966-426-255-9 © О. Ярош, 2025

ОГЛАВЛЕНИЕ

Посвящение 9

Благодарность 11

Предисловие. Важная пора 13

Вступление. Букет незабудок 17

Глава 1. ОЛЯ. Икебана — домашнее задание для папы и урок для дочки 21

Глава 2. АРИ. Сюрприз. Радость из поколения в поколение 29

Глава 3. НЕЛЯ. Папина куколка 37

Глава 4. КАТЯ. Подари свой день рождения 45

Глава 5. ЛИЯ. Верность, впитанная с детства 53

Глава 6. ЮЛЯ. Как дедушка подарил внучке
Дом молитвы 63

Глава 7. ВАСИЛИЙ. Невидимые нити к сердцу матери . 71

Глава 8. ИРА. Пасхальный букет для детей 81

Глава 9. ПОЛИНА. Шрамы как напоминание
об особенной судьбе сына 89

Глава 10. ВАЛЕНТИН. Бабушка —
материнское сердце в квадрате 97

Глава 11. ВЕРА. Гречка за 100 рублей 105

Глава 12. ПАВЕЛ. Круп, астма и тарзальная коалиция . . 113

Глава 13. САША. Загадай желание 123

Глава 14. КЕЙТИ. Манго и вьетнамки 131

Глава 15. МАРИНА. Платье, которое согрело душу . . . 139

Заключение. Второй шанс на счастливое детство . . . 149

ПОСВЯЩЕНИЕ

*Эту книгу я посвящаю, прежде всего,
своим дорогим родителям — Павлу и Надежде Окара —
творцам нашего счастливого детства.*

Мое сердце переполнено благодарностью вам!

•

Также посвящаю ее нашим детям — дочерям и сыну.

*Катериночка, Аренька и Павел,
мы с папой благодарим Господа за привилегию и счастье
быть вашими родителями.
Каждый из вас — долгожданный,
желанный и особенный ребенок.*

Мое сердце переполнено любовью к вам!

•

*А еще я посвящаю эту книгу всем людям, которые
только стали родителями или уже какое-то время растят
своих детей. Мы с вами — творцы их детства.*

*Мое сердце переполнено верой!
С Божьей помощью у нас все получится!*

•

БЛАГОДАРНОСТЬ

Выражаю сердечную благодарность моему Господу за совершенную любовь и благоволение ко мне, Его дочери.

•

Благодарю моего мужа Василия Ярош за любовь, поддержку и веру в меня. Спасибо тебе за то, что в твоем лице наши дети имеют лучшего папу на свете — доброго и заботливого.

Я благодарна вам, мои сокровища и благословения от Бога, мои дочери и сын — Катенька, Павлик и Арианночка. Вы — мое вдохновение, моя поддержка и радость. Люблю вас всем сердцем!

•

Не перестаю восхищаться своими родителями, Павлом и Надеждой Окара. Всегда буду признательна вам за наше счастливое детство, за пример крепкой и дружной семьи. Благодарю вас за то, что познакомили с Небесным Отцом и через свою жизнь научили главному.

•

Спасибо моим сестрам, моим самым близким подругам — Вере, Ане, Ире, Насте, а также братьям Сергею, Александру и всем моим родным. Ваша любовь и поддержка бесценны.

•

Благодарю моих друзей, нашу церковную семью и всех, кто вдохновляет меня своим примером. Эти люди продолжают добавлять цветы в мой букет, и жизнь благоухает благодаря им.

•

Особенная благодарность тем, кто превратил написанные мной рассказы в книгу, — Дмитрию и Виктории Кириченко (издательство «Брайт Букс»), Вере Мищук, талантливому и терпеливому редактору Екатерине Великородной. Спасибо вам!

ПРЕДИСЛОВИЕ

Важная пора

Все мы родом из детства.

Какие-то этапы в жизни можно «проскочить», пропустить или даже осознанно избежать, но только не детство. У каждого оно свое и очень разное. Начиная с колыбели, мы неодинаково воспринимаем окружающий мир, а подростковые годы накладывают глубокий отпечаток на формирование наших взглядов. Одни взрослеют раньше других и, толком не прочувствовав студенческие годы, сразу окунаются в работу. Кто-то долго учится, осваивая специальность, а кто-то получает образование только в середине жизни.

Одни пары испытывают радость материнства и отцовства в 20 лет, другие — в 40, а третьи, возможно, никогда. У каждого за плечами свой жизненный опыт, в том числе и опыт детства.

Ранние годы — это один из самых важных, хоть и коротких периодов жизни, который начинается с чистого листа, — период постепенного познания себя и мира вокруг.

Даже если изначально заданная траектория со временем подкорректируется, события детства будут влиять на человека всю оставшуюся жизнь. Опыт прошлого может сделать из нас лучших либо худших родителей для наших драгоценных чад, которых Господь доверил нам.

Эта книга написана о детях, но предназначена для взрослых, для тех, чье детство хоть и осталось далеко позади в смысле прожитых лет, но при этом все еще очень близко, ведь всю жизнь мы носим его отпечаток в своем сердце. Все наши воспоминания, впечатления и эмоции, возвращаясь и прикасаясь к которым мы снова и снова переживаем радость, восторг, боль или обиду, давно стали частью нас самих.

Некоторыми переживаниями легко делиться со своими детьми или в компании друзей, другие похоронены глубоко в сердце, в темных уголках нашей памяти, поэтому мы тщательно избегаем всего, что может всколыхнуть их.

Какие-то события детства кажутся нейтральными, сухими фактами о жизни в определенные годы, в конкретном месте, доме, семье. Однако даже такие, на первый взгляд, «мелочи» оказали на нас глубокое воздействие, сформировав не только наше «Я», но и повлияв на принципы воспитания следующего поколения.

Каждый человек — своего рода хрестоматия, сборник рассказов о детстве, прочтя который мы делаем выводы, чему стоит подражать, а от чего нужно беречь себя и своих чад.

ВСТУПЛЕНИЕ

Букет незабудок

Давайте вернемся в детство.

Помним ли мы радости и слезы первых лет?

Что из далекого прошлого запечатлелось в памяти больше всего и запало нам в душу? Как сознание определяет, что беречь, а что напрочь забыть? По какому критерию воспоминания делятся на «важные», «не очень» и «пустые»?

В детстве удивительным образом просеиваются и навсегда откладываются в сердце отдельные яркие моменты — прекрасные незабудки, из которых впоследствии собирается букет впечатлений.

Цветы в нем не вянут, ведь они насыщаются любовью тех, кто растил и дарил ее нам. В ранние годы наши сердца неосознанно тянутся к таким людям, потому что мы хотим чувствовать себя любимыми и нужными. В процессе взросления каждый из нас ищет смысл жизни и пытается занять свое место в ней.

А еще мы растем духовно, устремляясь ввысь, к Богу, Который является неиссякаемым Источником неземной любви. Душа каждого человека нуждается в ней, подобно тому, как легким нужен воздух. Господь восполняет нашу потребность в этом чувстве через поступки родителей, их ласку, добрый взгляд и улыбки. Время летит, а сердце трепетно хранит такие воспоминания — яркие всплески незаслуженной Божьей любви, которые мы пронесем через годы к своим детям.

Глава 1

· ОЛЯ ·

Икебана — домашнее задание для папы и урок для дочки

Оля учится во втором классе в обычной советской школе и по росту уже опережает многих своих одноклассников. Она старательная и сообразительная худенькая девочка, с большими зелеными глазами, пытливо смотрящими из-под ровно подстриженной каштановой челки. На ней надета классическая советская форма — коричневое платьице из колючей шерсти, отороченное красивым белым воротничком и манжетами. Ее фартук в тон выделенным деталям идеально выглажен. И хотя Оля живет в типичном советском городе, у нее совсем необычный папа. Он — верующий, глава многодетной семьи и верный служитель церкви в непростое для христиан советское время.

Как-то в середине учебного года, когда за окном стояла холодная, хоть и не сильно снежная зима, Юлия Павловна рассказала Олиному классу об икебане — японском искусстве составлять букеты из живых и сухих цветов, а также других природных материалов.

Учительница объяснила детям идею, показала несколько красивых картинок и, разделив школьников на небольшие группы, дала домашнее задание — найти похожие растения и через неделю принести в школу составленную общими усилиями икебану.

Наверное, стоит отдать должное «творческому» подходу преподавателя, поскольку, казалось бы, простое задание легло тяжелым бременем не только на восьмилетних детей, но и на их «бедных» родителей.

Для полноты картины следует сказать несколько слов о флоре Ростовской области. Средняя полоса России — это степные просторы, которые зимой выглядят голыми и серыми: низкий кустарник сменяется безлиственными кленами, спящими березами. Из плодоносных деревьев здесь растут яблони, абрикосы, вишни. Вечнозеленых деревьев в данном регионе практически нет.

Следовательно, ученикам представилась хорошая возможность проявить смекалку и изобретательность при выполнении домашнего задания.

Приближалась дата сдачи поделки. В предпоследний день дети, не найдя никаких красивых веточек в своей окрестности, решили делегировать кого-то за город, в «Агролес». Ведь если верить слухам, именно там растут кусты шиповника и боярышника, на веточках которых даже зимой остаются ягоды. А из такого материала непременно получится самый красивый букет. Ребята переглянулись и остановили взгляды на Оле: все знали, что у ее папы есть машина — красные «жигули», которые шутя называли «копейкой».

Стоял мороз. Из-за короткого светового дня темнело рано. По возвращении домой Оля попросила отца поехать с ней за сухими растениями, которые еще предстояло найти.

Папа, скорее всего, не до конца понимал суть икебаны, но по тону своей восьмилетней девочки ему было очевидно: дело важное и не терпит отлагательств. Кроме того, дочь привела убедительные доводы: если не собрать нужный материал, она подведет своих одноклассников и сама получит плохую оценку.

В то время Олин папа работал на двух работах, чтобы обеспечить свою многодетную семью. Он также служил в церкви и был лидером музыкальной группы, что тоже отнимало много времени. А еще папа сильно переживал о своем малыше, у которого недавно обнаружили неизлечимое заболевание. Этот совершенно вымотавшийся и обычно занятой человек преподал своей девочке один из самых ценных уроков — урок любви: для родителей важен не только ребенок, но и то, что происходит в его жизни.

Ведь на самом деле на фоне постоянных родительских забот, проблем вокруг и бесконечного списка дел эта икебана казалась не просто причудой, а полной нелепостью.

Но папа завел свою красную «копейку», прогрел ее и почти в сумерках они с дочкой приехали в «Агролес», на скудно покрытую снегом полосу низких деревьев и кустов, разросшихся за пионерским лагерем. Оля попросила отца немного отъехать от дороги. Пытаясь найти подходящий для поделки материал, они бродили по замерзшей колее — когда-то раскисшей осенней слякоти. Все, что им удалось собрать, — это несколько веточек с частично опавшими либо сухими и скрученными листочками, которые даже отдаленно не напоминали букет, а больше походили на веник. Оказывается, все ягоды шиповника и боярышника еще несколько месяцев назад собрали городские бабушки, сложили их в банки и поставили настаиваться в кладовку или погреб. Но хоть что-то в руках — и то хорошо. Посоветовавшись, отец с дочкой решили дополнить собранный «гербарий» дома. Сильно промерзшие, но веселые они сели в «копейку», завели мотор, однако колеса буксовали по заснеженной земле и автомобиль не хотел двигаться с места.

Следующий час папа рубил ветки прихваченным из дому топориком и подкладывал их под шины, снова и снова пытаясь вырулить. Машина по-прежнему буксовала, отчего колея стала еще глубже. Сумерки плавно сменила темная зимняя ночь — вокруг ни души. Дорога пустовала, а внутри «копейки» сидела испуганная восьмилетняя девочка, изо всех сил сжимая собранный горе-букет окоченевшими от холода руками. Папа не паниковал: уверенным движением он бросил несколько охапок веток под колеса, машина сильно дернулась вперед и наконец выехала на дорогу.

Оля внимательно смотрела на отца, подавленная чувством вины и сожалением. Казалось, сейчас папа выскажет ей все. Но ни единого упрека не слетело с его уст, никаких нравоучений о том, чем могла бы закончиться эта история и как важно все делать вовремя. Глава семьи просто вез дочку с «букетом» домой, словно ничего не произошло.

Через некоторое время они снова окунулись в привычную домашнюю атмосферу: чай с оладушками, смех и слезы маленьких детей, частые и незваные, но всегда желанные гости, звуки музыки и уроки допоздна…

Тридцать пять лет спустя Оля не помнит, как выглядела та икебана и какую оценку класс получил по природоведению. Но тот холодный день и папа, отложивший ради нее все свои планы, навсегда запечатлелись в памяти девушки. А главное — Оля не забыла теплого чувства, которое переполняло ее тогда с головы до пят, — чувство значимости и любви, продемонстрированное отцом в этой поездке.

УРОК

•

Иногда важность кроется в несущественных, по мнению взрослых, поступках. Сам Иисус сказал о детях: «…так как вы сделали это одному из сих братьев Моих меньших, то сделали Мне» (Мф. 25:40).

Верующие много говорят о серьезных вещах: о служении и делах для Бога.

А чего Сам Господь ожидает от нас? Что в итоге «зачтется»?

Не обязательно совершать подвиги, достаточно с любовью сделать что-то понятное и простое «одному из сих братьев меньших».

Несомненно, читать Библию с детьми и молиться вместе — прекрасная идея. Но также не лишним будет просто поиграть с ними в то, во что они хотят, или погонять всей семьей на велосипедах в парке. Возможно, разрешить им пригласить своих друзей к себе домой и накормить всех пиццей. Либо просто отвезти своих чад туда, куда они просят.

И помните слова Иисуса: все, что мы делаем для подрастающего поколения с любовью, делается, прежде всего, для Него.

НЕЗАБУДКИ

«Бог же силен обогатить вас всякою благодатью, чтобы вы, всегда и во всем имея всякое довольство, были богаты на всякое доброе дело…»

2 Коринфянам 9:8

Глава 2

· АРИ ·

Сюрприз.
Радость из поколения в поколение

Ни для кого не секрет, что мечта каждого школьника — это каникулы!

Незадолго до них дети в классе начинают бурно обсуждать планы на выходные дни, вернее, планы их родителей на такую долгожданную неделю в начале апреля. Одни хвастаются обещанной им поездкой на Гавайи или во Флориду, другие млеют от зависти, третьи равнодушно наблюдают за всеми, довольные тем, что наконец можно будет выспаться и вдоволь наиграться в компьютерные игры.

В семье Арианны этот вопрос уже давно обсудили — летом планировалось большое путешествие, поэтому на семейном совете родители решили весенние каникулы провести дома.

В конце концов, тут тоже можно хорошо отдохнуть — вокруг столько парков, а в гараже целых четыре велосипеда! В пятницу занятия закончились, в субботу двоюродные братья и сестра пришли с ночевкой, ну а воскресенье — всегда церковный день. И только в понедельник начнутся настоящие выходные!

Вечером, что было совершенно непривычно для церковного дня, мама вдруг затеяла стирку и до поздней ночи складывала детские вещи. Причем делала это сама, что тоже казалось странным. Перед сном родители сообщили детям планы на завтра: сначала выспаться, потом поехать на бранч[1] в любимое кафе — французскую закусочную в даунтауне[2]. Идея пришлась всем по душе, и, предвкушая начало незабываемого отдыха, дети мирно уснули.

Благодаря тому, что в 6:30 в доме не сработал ни один из пяти будильников (до сих пор непонятно, почему у каждого родителя в телефоне настроен свой будильник на одно и то же время), утро понедельника началось приятно и многообещающе. Девочки стали подбирать вещи, советуясь с мамой, как лучше одеться на прогулку; папа как раз говорил с кем-то по телефону, а когда все почти собрались, вдруг сообщил, что по дороге в кафе им придется завезти дедушку в аэропорт.

---

[1] От англ. *breakfast* и *lunch* — прием пищи, объединяющий завтрак и обед.

[2] От англ. *downtown* — центральная часть относительно большого города, где находятся его административные и деловые объекты.

Бабушка с дедушкой жили неподалеку, поэтому папа вернулся быстро — и все дружно отправились в путь. По дороге голодные дети недовольно бурчали: «Уже одиннадцать часов! Скоро может пойти дождь, тогда мы вообще не погуляем! А мокнуть как-то совсем не прикольно!»

Аэропорт находился примерно в двадцати минутах от дома, в течение которых взрослые оживленно обсуждали предстоящий полет дедушки в Лос-Анджелес, словно специально поддразнивая детей подробностями: «Удивительно! Полтора часа в самолете, и ты уже не в сером, дождливом Портленде, а в теплой, солнечной Калифорнии среди пальм!» Вспоминая предыдущие визиты в Город Ангелов, взрослые с восторгом перечисляли достопримечательности, которые им довелось посетить там, — и все это в присутствии детей, которые никогда не были в Лос-Анджелесе и вынуждены еще несколько месяцев ждать солнца в ненастном Орегоне.

Машина остановилась у входа с надписью «Вылет», но дедушка не спешил выходить. Как вдруг мама, повернувшись к детям, предложила: «А может, мы с вами полетим в Лос-Анджелес вместо дедушки?» Папа, недолго думая, отвечает: «Можно!» — «Родители, это не смешно! — возмутились дети. — Давайте уже поедем в кафе, так есть хочется, просто сил нет!» Но розыгрыш, похоже, только начался: мама с папой вышли из машины и воодушевленно произнесли: «Выходите, у нас же есть свободная неделька! Давайте тоже полетим погреться на солнышке!» В довершение всего папа открыл багажник и достал оттуда три небольших чемодана...

Наверное, так всегда: чем младше ребенок, тем быстрее он всему верит. Дети, не до конца понимая происходящее, без умолку спрашивали: «Как? Прямо сейчас? А где билеты? Мы же без вещей! Не шутите так жестоко! Мы и толком еще не отдыхали в этом году!» Три пары удивленных глаз пристально смотрели на родителей. У двух старших подростков недоумение смешалось с глубоким сомнением и ожиданием подвоха, а во взгляде младшей Ари загорелась вера и восторг, которые сменились слезами радости. В следующую секунду она уже крепко обнимала папу за шею. Казалось, девочка вот-вот задушит отца от переполнивших ее чувств.

Дедушка попрощался со всеми и уехал домой на их «тойоте». Двое счастливых взрослых и трое удивленных детей стояли под вывеской с названием авиакомпании. Папа вручил каждому заранее распечатанный дома билет. Мама заверила дочерей и сына, что все необходимые вещи они найдут в заботливо собранных ею чемоданах. Теперь все встало на свои места: внезапная стирка в воскресенье вечером и сортировка вещей до поздней ночи. Пройдя секьюрити, семья позавтракала в кафе перед вылетом — все, как обещали.

Следующую неделю родители купались в радости и благодарности своих детей. Фотографии, сделанные в аэропорту, — лучшее тому доказательство. Мама навсегда сохранит эти воспоминания и снимки.

Через несколько дней у бассейна, под жарким солнцем и пальмами Палм-Спрингс, Аренька еще раз обняла родителей и с восторгом сказала: «Знаете, это самый лучший сюрприз в моей жизни! Когда я вырасту и у меня будут дети, то сделаю им точно такой же!»

Спонтанный мини-отпуск, случившийся благодаря большой скидке на билеты, оказался в три раза дешевле поездки на Гавайи. Даже спустя годы дети вспоминают этот отдых как самый особенный.

УРОК

•

Не только самые болезненные и трагические события оставляют глубокий след в памяти, но и самые яркие и неожиданные. Поэтому не бойтесь удивлять и радовать своих детей!

Это сродни благодати Божьей — когда получаешь что-то неожиданно и незаслуженно. В наше время все больше благ и привилегий переходят в категорию «обязательного». Следовательно, то, о чем одни могут только мечтать, другие воспринимают как должное.

Современные родители в материальном плане живут гораздо лучше, чем предыдущие поколения: их детям доступно то, чего не было ни у кого раньше.

Сегодня мир открывает нам массу возможностей. Но то, насколько избалованными, наглыми, взыскательными или, наоборот, скромными, благодарными и признательными вырастут дети, зависит именно от нас, родителей.

Можно по нескольку раз в год возить детей на лучшие курорты, но при этом в их душе не останется ни единого доброго следа. А можно удивить своих чад чем-то гораздо меньшим, нежели поездка в Калифорнию, и они запомнят это на всю жизнь.

Потому что важен не столько сам подарок, не поездка, не мороженое, а совместные позитивные эмоции. Именно такие моменты дети никогда не забывают.

НЕЗАБУДКИ

•

«Ибо все для вас,
дабы обилие благодати
тем бо́льшую во многих
произвело благодарность
во славу Божию».

2 Коринфянам 4:15

Глава 3

· НЕЛЯ ·
Папина куколка

Красивая, яркая, голубоглазая, стройная девочка. Открытая и искренняя.

Сегодня она — дочка, жена пастора, любящая мама троих взрослых парней и их жен. А еще Неля — молодая бабушка прекрасной малышки Розочки.

Однажды Бог открылся ей как нежно любящий и заботливый Отец.

Самое яркое воспоминание Нелиного детства — странный случай, когда папа не купил ей куклу. Тогда малышке было около пяти лет, они жили в Украине. Она хорошо помнит, как переступила порог «Детского мира», крепко держась за руку отца. Дочка была копией папы, с такими же яркими голубыми глазами. Своим врожденным чувством вкуса она была обязана именно ему.

На полке стояли две огромные куклы: одна — с длинными черными волосами, другая — белокурая со стрижкой и веснушками на искусно нарисованном личике. На ней висела табличка — «Ходячая кукла». Стоило только взять светловолосую красавицу за левую руку, как она начинала шагать.

Неля стала упрашивать папу: «Ну пожалуйста, купите ее мне!» На что отец возразил: «Но она стоит одиннадцать рублей, а это слишком дорого, мы не можем себе такое позволить!» Девочка не отрывала глаз от красотки. Видя, насколько дочери хочется иметь такую игрушку, папа предложил купить другую куклу, подешевле. Она стоила восемь рублей. Но длинноволосая брюнетка не могла ходить, а Неле очень понравилась именно подвижная кукла.

Исчерпав все весомые аргументы, глава семьи прибегнул к «тяжелой артиллерии»: «Эта кукла явно неверующая. Смотри, она подстрижена и накрашена. Разве тебе нужна такая игрушка?»

Тогда, сорок лет назад, в далеком Советском Союзе христиане отличались от атеистов не только своей верой, но и внешним видом.

Папа с дочкой вышли из магазина без куклы, но ее образ навсегда запечатлелся в сердце малышки как несбывшаяся детская мечта.

Даже через много лет Неля вспоминала о ней. Когда один из ее маленьких сыновей просил купить машинку или какую-нибудь другую игрушку, молодая мама снова прокручивала в памяти события того дня. Нахлынувшие чувства уносили ее назад во времени. Поэтому Неля всегда просила мужа: «Давай купим сыну желанную игрушку, чтобы он не вспоминал ее всю жизнь, как я свою куклу».

Прошли годы. Как-то услышав эту историю от своей уже взрослой дочери, папа признался, что очень сожалеет о случившемся. Вернувшись тогда домой, Неля проплакала весь день. Папа никак не мог понять, что же его остановило. Тогда уже пожилой отец попросил прощения у своей взрослой дочери за те горькие детские слезы.

Но Неля не держала обиды на папу. Она пыталась понять, почему же эта кукла никак не выходит у нее из головы. Вскоре все прояснилось.

В отличие от большинства советских детей, Неле посчастливилось родиться в семье верующих, которые воспитывали своих чад в христианской вере, хотя в то время это было постыдно и даже наказуемо.

Девочка с детства верила в Бога. Но, даже пережив однажды особенную встречу с Господом, мы всю оставшуюся жизнь продолжаем познавать Его глубже. Целой вечности не хватит, чтобы полностью постичь, настолько бесконечный, безграничный и богатый в Своей премудрости Творец.

Наверное, для каждого человека одно из самых важных откровений о Боге заключается в том, что Он — любящий Отец. А еще Господь — наш Создатель, Спаситель, Друг, Наставник, Учитель, Советник. Думаю, каждый из нас не раз переживал тот незабываемый момент, когда незначительные для кого-то слова или события оказываются тем недостающим элементом, который открывает нам известную Божественную истину на совершенно новом уровне духа и души. Такое откровение еще называют «познанием».

В 2010 году семья Нели эмигрировала в США, где летом по выходным в частных жилых районах нередко устраивали так называемые гаражки. В такой день хозяин дома открывал настежь гараж, где хранил весь ненужный «скарб»: картины, посуду, коляски, велосипеды, книги, лыжи, — словом, всякую всячину. Выставленные на продажу вещи, как правило, стоили недорого. Нередко среди них встречались необычные сувениры, привезенные из поездок или подаренные кем-то, кто хотел порадовать своих близких. Но, как обычно бывает, подобные гостинцы вскоре становятся ненужными и прячутся на чердак, пока не придет время распродажи. На «гаражке» можно купить разную мелочь, однако иногда удается найти настоящее «сокровище», которое прежний владелец явно недооценил.

В одну из таких теплых летних суббот младший сын Нели Илюшка уговорил ее прокатиться с ним по «гаражкам». Там он надеялся найти что-то особенное. На первой остановке их ждал сюрприз.

Выйдя из машины, Неля сразу увидела ЕЕ. «Сынок, это же она!» — воскликнула мама. Мальчик с недоумением смотрел в том направлении, но никого, кроме стоящей у стола большой куклы, не видел. «Мам, ты о чем?» — переспросил Илюша. «Это игрушка из моего детства!!!» — буквально выкрикнула Неля и подошла поближе рассмотреть ее. «Один в один, как та кукла из "Детского мира"! — подумала она. — Только бирка на английском языке: *Walking Doll*».

Неля взяла игрушку за левую руку, и, как много лет назад, белокурая кукла с веснушками на щеках шагнула рядом с элегантной тридцатипятилетней красавицей.

Все повторилось: Неля стояла с куклой, а рядом был Небесный Отец. Он с любовью смотрел на Свою дочь и, широко улыбаясь, проговорил в ее сердце: «Ну что, дождалась?»

Теперь Илюша уговаривал маму купить эту куклу. Но мама чувствовала себя нелепо: к чему она взрослому человеку? Однако сын уже поговорил с хозяином и даже договорился о цене. Домой они вернулись с куклой.

Неля поставила ее на видное место и окунулась в привычные домашние дела. Поздней ночью, когда все спали, она размышляла о той давней истории с куклой и вдруг услышала голос Небесного Отца.

Она так и не сомкнула глаз до утра, но этот разговор был нужен, в первую очередь, ей самой, а также всем тем, кому она сегодня служит и с кем дружит.

Потому что описанный здесь случай не столько о подарке, сколько о Дарителе, о нашем Небесном Отце, Который в ту ночь сказал Неле: «Если Я помнил эту куклу и знал, что именно она тебе понравилась, если Я видел боль и слезы маленькой девочки, неужели ты думаешь, что время или обстоятельства могут препятствовать Мне в осуществлении задуманного? Для Меня ведь нет ничего трудного!»

УРОК

●

Возможно, Небесный Отец открывает нам, родителям, что мы прилагаем много усилий в заботе о наших детях и стремлении исполнить их мечты и желания.

Но наша основная задача кроется в другом: гораздо важнее научить их тому, Кто является истинным Источником благ, мудрости и материального обеспечения.

Мы делаем для наших сыновей и дочерей все от нас зависящее, однако при этом важно не упустить из виду главное — познакомить их с Богом, Который хочет лично общаться с ними. Открывшись нам как Отец, Он не становится «Дедушкой» нашим потомкам, ведь они тоже Его дети. Господь хочет благословлять их совершенно другими «подарками», которые нам, смертным, не под силу.

Иногда Он словно поворачивает время вспять и дарит что-то особенное из детства, тем самым снова напоминая нам, уже взрослым людям, что в любом возрасте мы всегда остаемся Его чадами.

НЕЗАБУДКИ

•

«Смотри́те, какую любовь дал нам
Отец, чтобы нам называться
и быть детьми Божиими…»

1 Иоанна 3:1

•

«…ибо знает Отец ваш,
в чем вы имеете нужду,
прежде вашего прошения у Него».

Матфея 6:8

Глава 4

· КАТЯ ·

Подари свой день рождения

Как научить ребенка жертвенности и заботе о других?

Наверное, все согласятся с тем, что одними наставлениями ничего не добьешься. В данном случае они — слабый инструмент, поэтому придется прибегнуть к чему-то более серьезному.

Но к чему именно? Достаточно ли просто показывать детям пример своими поступками в надежде, что они ему последуют? А если создать ситуацию, которая подтолкнет наших чад пожертвовать чем-то ценным ради других?

«Вы что?! Это — перебор и чистой воды манипуляция!» — утверждают некоторые. В чем-то они правы, ведь при таком подходе отчасти нарушаются личные границы ребенка.

Другие, напротив, считают предложенный метод доброй услугой детям, учитывая нашу глубоко греховную, эгоистичную природу и естественное нежелание отрывать что-либо от себя.

Катерина — старшая девочка и первенец в семье. Ее мама очень ждала малышку, поэтому праздновала каждый месяц своей беременности. Когда ребенок появился на свет, родители не могли нарадоваться ему.

В годик, благодаря грудному вскармливанию, Катюша превратилась в упитанного младенца с пухленькими, румяными щечками, со складочками на ручках и ножках. В честь первого дня рождения мама одела девочку в пышное розовое платье и красивую шапочку такого же цвета — настоящий наряд принцессы! По случаю праздника были приглашены гости и заказан торт. Принимая подарки, родители благодарили Бога за посланное им благословение — маленькую дочурку.

Время пролетело незаметно. Приближался двенадцатый день рождения Кати. Девочка училась в средней школе, была доброй старшей сестрой и незаменимой помощницей по хозяйству. Она мыла посуду, убирала и раскладывала белье после стирки. Мама часто шутила, что на кухне у нее четыре руки.

Незадолго до дня рождения Катя обсуждала с родителями свои планы на этот день: кого пригласить, что вкусного приготовить на стол. В их семье дни рождения обычно праздновали дома, хотя друзья девочки из более состоятельных семей, как правило, возили своих гостей в кафе или в боулинг.

Этой весной в церкви, куда ходила Катя, появилась новенькая. Иногда папа привозил ее с младшим братом и сестрой, а бывало, что кто-то из прихожан заезжал за детьми по дороге на служение. Маму детей никто не видел. Говорили, что женщина стала наркоманкой и бросила мужа с тремя детьми.

Девочка казалась застенчивой, тихой и замкнутой в присутствии взрослых, но тут же менялась в окружении своих сверстников, превращаясь в дерзкого и неконтролируемого ребенка. Верующим родителям приходилось просить своих детей не оставлять новенькую в одиночестве.

В церкви организовали библейскую школу для детей от 10 до 13 лет. Занятия проходили каждый четверг. Детям очень нравилось все, что происходило там: урок, игры с призами и еда, но главное — здесь они встречались со своими друзьями. Катерина с подругами и недавно появившаяся девочка тоже ходили в библейскую школу.

В тот год день рождения Кати выпадал на четверг. В таком случае учитель оставлял в конце занятия примерно полчаса для праздника. Сначала за именинника молились, потом он задувал свечи на торте и принимал подарки. Катя не могла дождаться четверга.

В начале недели оказалось, что у новенькой день рождения накануне, в среду. Глядя на свою повзрослевшую дочь, мама решила, что Катя уже готова испытать настоящую радость, которая приходит через жертвенность и отдачу. В Библии сказано: «…блаженнее давать, нежели принимать» (Деян. 20:35). Но эту истину невозможно понять в теории, она познается исключительно на личном опыте.

Тогда мама поделилась с дочкой своей идеей: «А что, если устроить девочке сюрприз? Наверняка она даже не подозревает, что нам известно о ее празднике. Мы заранее купим ей подарки, а в конце занятия вынесем торт с зажженными свечами и дружно скажем: "Это все для тебя!"»

Катя внимательно слушала, одновременно придумывая, как поступить иначе.

«Мам, я не против твоей затеи, но давай перенесем все на другой день. Можно свозить девочку в кафе. В библейской школе у нее все равно нет подруг, она ведь новенькая. Или давай устроим праздник именно в ее день рождения. Правда, пока не знаю, как собрать всех детей в среду, но можно обойтись и без них. Мы с тобой от имени всех поздравим новенькую и вручим наш подарок. Да и вообще, как объяснить моим подругам твой план? Они же ждут мой день рождения и явно будут не в восторге от твоей идеи!»

Мама стала приводить доводы о том, что жертва чаще всего дается трудно, причиняет дискомфорт и даже боль. «Поступая так, — размышляла она, — мы отдаем то, что по праву принадлежит нам, кому-то, кто в данный момент в этом больше нуждается. Противоречивые чувства и внутренняя борьба между духом и плотью, нашим "хочу" и "не хочу" — абсолютно нормальное явление. Все жертвенные люди испытывают подобное в разной степени. Обычно побеждает всегда то, чего сильнее хочется, но оно редко приводит к настоящей радости». Внимательно выслушав маму, Катя все же согласилась «уступить» свой праздник новенькой и тут же побежала сообщить подругам, чтобы они принесли девочке небольшой подарок от себя.

Наступил заветный четверг. Катя с мамой заехали в магазин по дороге в церковь. Перед уроком девочка упаковала для именинницы подарок от себя.

За полчаса до конца занятия дети собрались в центре класса, и мама обратилась к присутствующим: «Все вы знаете, что сегодня день рождения у очень особенной для меня девочки — у нашей Катерины. Но вместо этого мы будем праздновать день рождения новенькой, который был вчера». Стоя в окружении одноклассников, девочка растерялась и не могла поверить в происходящее. Через минуту внесли торт с зажженными свечами, все начали петь, а затем молиться за нее. Катя вручила имениннице подарок и обняла ее. Подруги сделали то же самое. Вдруг девочка закрыла лицо руками и расплакалась от счастья, любви и внимания, которые испытала в этот незабываемый момент.

Мама Кати тоже плакала. Она гордилась и радовалась за свою дочку, которая смогла поступить жертвенно и благородно. Сердце женщины сжималось от щемящей жалости к новенькой и одновременно трепетало, благодаря Бога за этих дорогих ей ребят.

УРОК

Иногда детей нужно подталкивать в правильном направлении, чтобы, выйдя из зоны комфорта и своего «Я», они могли ощутить неподдельную радость жертвенности и даяния. Счастье, которое переполняет тебя, когда хорошо другим.

Поощрять — не менее важно, чем показывать пример.

НЕЗАБУДКИ

•

«Будем внимательны
друг ко другу,
поощряя к любви
и добрым делам».

Евреям 10:24

Глава 5

· ЛИЯ ·

Верность, впитанная с детства

Осенью 1962 года Лия вместе с мамой, двумя младшими сестрами и четырьмя братьями отправилась в далекое и очень долгое путешествие — в суровую холодную Сибирь.

Молодая измученная женщина и семеро ее маленьких детей неделю тряслись в поезде до Томска, а если быть точнее — 168 часов в общем вагоне. Они ехали к папе, в прошлом — пресвитеру небольшой церкви, отправленному в ссылку после тюремного заключения за свою деятельность. Именно в этом и заключалось его преступление, за которое он теперь отбывал наказание. Осенний город, покрытый толстым слоем снега, встретил их сильным морозом. Высокие сугробы напоминали снежные горы, а расчищенные тротуары — гигантский лабиринт со стенами выше человеческого роста. Здесь многодетную маму приютила верующая семья Орловых. Женщина остановилась у них на пару дней, а затем отправилась в конечный пункт назначения — поселок Молчаново, затерявшийся среди болот Томской области.

Добраться туда можно было только двумя способами: летом — пароходом по реке Обь, или на машине зимой, когда трясина покрывалась толстой коркой льда. Дети, не понимая всей опасности предстоящего путешествия, с восторгом забрались на заднее сиденье «Волги», а мама с малышом села рядом с водителем такси.

Эту поездку в 200 километров и продолжительностью почти в восемь часов маленькая Лия запомнила на всю жизнь. Из-за плохих дорог и глубоких сугробов машину бросало из стороны в сторону. Детей сильно укачало и рвало до изнеможения. Водитель останавливался, чтобы дать им немного прийти в себя. Бледные и обессиленные, они буквально вываливались из салона и ложились лицами в снег. Когда им становилось чуть легче, машина двигалась дальше. Они ехали навстречу лютым зимним морозам и тучам мошкары, облаком висевшей в воздухе душным летом, ехали в грязный, необустроенный барак.

Конечно, мама могла дождаться папу из ссылки дома — так делали многие жены служителей, чьи мужья отбывали наказание в Сибири за проповедь Евангелия. В крайнем случае мама могла младших детей оставить с бабушкой и дедушкой, тем самым избавив их от изнурительного и опасного путешествия, от скитания по съемным квартирам.

Но для нее это был вопрос «верности» своим детям и мужу. Она считала, что семья, независимо от обстоятельств, должна всегда оставаться вместе.

Пройдя такие нелегкие испытания, сыновья и дочери Лии, от мала до велика, впитали в себя верность не из рассказов и нравоучений матери, а на ее личном примере. Они «прожили» этот урок вместе и стали свидетелями Божьих чудес — Господь невероятным образом заботился об их большой дружной семье, обеспечивал и оберегал ее через совершенно незнакомых людей.

Эти уроки были переданы им не красноречиво, не пафосно, а на примере обыденной жизни родителей. Глядя на жизнь родителей, дети видели их огромную внутреннюю силу и непоколебимую веру, которая побеждала все страхи и сомнения, веру, проявленную и доказанную верностью. Они впитали верность из атмосферы — «воздушно-капельным путем».

Прошли годы. Дети выросли и создали свои семьи.

Красавица Лия встретила своего будущего мужа, высокого и симпатичного парня, в 17 лет. Они сразу полюбили друг друга и поженились. Вскоре у них родился розовощекий младенец, а позже — еще два.

Со временем, почти незаметно, за домашними хлопотами: круглосуточной заботой о малышах, стиркой, глажкой и приготовлением пищи, — в их дом прокрался зеленый змий.

Этот хитрец обладал тысячелетним навыком, как «в три счета разрушить рай». Подобно сказочному джину, зеленый змий тоже появлялся из бутылки. Только он не исполнял желания, а, наоборот, разрушал все доброе на своем пути — растаптывал стремления и мечты, медленно сжимая в своем дьявольском кольце когда-то крепкую, здоровую семью. В его удушающей хватке оказался муж Лии, на долгие годы погрязнув в беспробудном пьянстве, безответственности и болезнях.

Так, в некогда счастливый дом молодой женщины прокрались безысходность, тоска, безденежье, страх за детей и полная неизвестность. Ее сердце будто сжали железными тисками.

А дети продолжали рождаться.

Казалось, что всякая надежда на перемены и нормальную жизнь должна была давным-давно умереть. Но Лия не сдавалась.

Она оставалась верной Богу и своему мужу, который в пьяном угаре мог заснуть зимой прямо на улице. Когда он долго не возвращался, она повсюду искала его, а когда находила, то тащила непутевого супруга на себе домой. Отмывала, отогревала, выхаживала…

Уже пожилая мама часто приезжала к дочери. Они вместе плакали, молились, готовили еду, убирали иололи грядки на огороде, без которого им было не выжить. А в это время алкоголь медленно, но уверенно разрушал жизнь и здоровье Лииного мужа. Соседи, знакомые и родственники только сочувственно вздыхали, давая понять своими сердобольными замечаниями, что никто не осудит, если она заберет детей и уйдет. Сам змий тоже нередко нашептывал ей подобные коварные мысли, чтобы навсегда разрушить их семью и растоптать будущее подрастающего поколения.

Но молодая женщина сопротивлялась происходящему изо всех сил, так как не могла обречь своих детей на жизнь без отца. Она твердо верила в Божью верность — Он обязательно поможет и позаботится о них.

Глядя на свою маму, Лия видела верность Всевышнего, которую впитала с детства. Вспоминая грязный общий вагон поезда, бараки для ссыльных, где ютилась их большая семья, она понимала, какую цену заплатила мама, чтобы быть рядом с папой.

Жена не бросает мужа. Значит, это исключено. Лия не отдала его на растерзание врагу и вымолила из плена алкоголизма. Она отвоевала своего супруга у хитрого змия. Раскаявшись и освободившись от зависимости, мужчина совершенно изменился: стал любящим, заботливым, трудолюбивым и успешным. Вместе они отстроили дом, наладили хозяйство, открыли свое дело и радовались жизни, окруженные детьми и внуками.

Все дочери Лии — истинные красавицы, причем не только внешне. Одна за другой они вышли замуж, уехали в другие города и даже страны. Каждая из них прошла свой уникальный путь — притирку и непонимание в первые годы брака, трудности и болезни, словом, все, присущее любому союзу двух разных людей.

Каждая из дочерей очень близка с матерью. Чем бы они ни поделились и в чем бы ни попросили совета, в телефонной трубке всегда звучит ответ-напоминание, как оставаться верными Богу, своим мужьям и детям, — истина, которую шестьдесят лет назад впитала их мама — маленькая девочка Лия — и пронесла ее через всю свою жизнь.

УРОК

Как детям не только перенять, но и воплотить в жизнь те редкие и достойные подражания качества своих родителей?

На мой взгляд, этому нельзя научиться, только слыша о благородстве или наблюдая подобные качества в ком-то со стороны. Важно пережить вместе с мамой и папой настоящие трудности жизни, стать свидетелями того, как они выходят из разных ситуаций, а также пусть и вынужденными, но реальными участниками в принятии ими правильного решения, возможно, даже подвига.

Именно так родительское благородство становится частью детского характера, кирпичиком, заложенным в основу их жизни. На таком фундаменте они впоследствии построят свои будущие семьи.

Мы можем передать только то, что пережили и впитали сами. Не имея подобного опыта, наше «послание» грядущим поколениям будет пустым.

Апостол Павел наставлял молодого Тимофея: «…и что слышал от меня при многих свидетелях, то передай верным людям, которые были бы способны и других научить» (2 Тим. 2:2).

Этот юноша был верным помощником Павла. Подобно сыну, он повсюду следовал за своим учителем. Впитав добродетели наставника, Тимофей уже личным примером смог передать приобретенные качества другим верующим, а те, в свою очередь, научившись от него, несли их дальше в люди.

Молодой ученик также был свидетелем жизни апостола Павла и слышал его проповеди. Но только слушать слова недостаточно, истину необходимо принять и суметь ее передать.

От этого зависит, как сложится наша жизнь. Мы призваны быть не простыми наблюдателями, которые сидят на диване, погрязнув в соцсетях. Наша цель — показать детям христианство на деле, своим примером вдохновлять и развивать их, верностью возгревать их дары, чтобы они могли передать другим то, что имеют.

НЕЗАБУДКИ

•

«…что имею, то даю тебе…»

Деяния 3:6

•

«…и что слышал от меня
при многих свидетелях,
то передай верным людям,
которые были бы способны
и других научить».

2 Тимофею 2:2

Глава 6

· ЮЛЯ ·

Как дедушка подарил внучке Дом молитвы

Перед самой войной в Белорусской Советской Социалистической Республике, в 35 километрах от небольшого городка Калинковичи, в селе Огородники, пожилая пара строила хату. Обычную, добротную, с одной большой светлой комнатой и русской печью посередине. Строила для своей дочери, которую выдали замуж за Иосифа Ярош.

А пока дочка с мужем жили в другом селе неподалеку и приезжали в гости к родителям с внуками: Юлей, Володей, Аней и маленьким Васей. Дед очень любил старшую девочку.

Деревенская жизнь текла своим чередом: постоянные хлопоты по хозяйству, выпас скота, тяжелая работа в поле и колхозе. Были в ней и свои неповторимые радости: домашний хлеб, парное молоко, запах свежескошенного сена и бескрайние зеленые поля. Может, именно тяжелый труд ради куска хлеба на столе в то суровое время без конфет, игрушек и подарков повлиял на решение пожилого мужчины сделать маленькой Юле совершенно недетский подарок.

Однажды дедушка, движимый никому не понятным порывом, вдруг встал и сказал: «Юля, а давай я перепишу этот дом на тебя». Он взял листок бумаги и составил «дарственную» на имя внучки. Через какое-то время о щедром жесте старика все забыли, а листок с завещанием лежал нетронутым несколько лет.

Наступил страшный 1941 год. Вторая мировая война добралась до Беларуси, окутав землю плотным гнетущим туманом. Враг стремительно вторгался в тамошние города и деревни, навсегда изменяя судьбы людей. Отца Юли забрали на фронт, откуда он так и не вернулся. Родным удалось выяснить, что «рядовой Иосиф пал смертью храбрых» где-то далеко в лесах Сибири. Больше о нем ничего не знали.

Мать осталась одна с маленькими детьми на руках. Больше всего она боялась немецкой оккупации. Ее страхи оказались небезосновательными: армия противника подступала все ближе… Однажды дверь их хаты резко распахнулась от грубого удара сапогом — на пороге стояли солдаты в форме со свастикой. Громко выкрикивая что-то по-немецки, не удосужившись воспользоваться услугами переводчика, они жестами дали понять бедной хозяйке, что сегодня останутся ночевать в ее доме, грубо указав ей на выход.

Без вещей, не имея возможности ничего взять с собой, мать с детьми ушла в лес, за село, где отец предусмотрительно вырыл им землянку перед тем, как уйти на фронт.

Утром мама думала вернуться домой и забрать необходимые вещи, но, подойдя к окраине села, увидела густой дым и языки пламени, поднимающиеся с того места, где еще вчера стояла их хата. В «благодарность» за теплый прием бесцеремонные и беспощадные немцы, продолжая свою страшную миссию, на рассвете подожгли дом. Накануне вечером Юля с мамой принесли сено и плотно застелили им пол, поэтому пожар вспыхнул за считанные секунды — здание было не спасти.

Но как продержаться без вещей и еды в холодной, сырой землянке? Мать взяла детей и пошла к родителям. Вместе они пережили те ужасные военные годы, вместе получили похоронку о смерти ее мужа.

Когда самое страшное казалось позади, село охватила эпидемия тифа. Сначала слегли бабушка с дедушкой, потом — мать. Ослабевший организм стариков не выдержал, и они умерли. А женщину, метавшуюся в горячке и беспамятстве, отвезли в сельскую больницу.

В народе говорят: «Пришла беда, отворяй ворота». И хотя война осталась в прошлом, страдания простого народа на этом не закончились. Страну нужно было поднимать после разрухи. Советская власть, организовав колхозы и народное хозяйство, пыталась пополнить продуктовые резервы руками разграбленного и покалеченного народа.

Пока полуживая мать лежала в больнице, детям велели немедленно освободить дом для только что назначенного председателя колхоза. Но куда идти? Снова в холодную землянку?

За них некому было заступиться. Юля к тому времени уже подросла и ходила в школу. Как и полагается старшей, она взяла на себя ответственность за младших братьев и сестру.

Вдруг девочка вспомнила странный момент, когда дедушка в порыве любви подарил ей дом. Она отыскала листок бумаги в дедушкиных вещах и с «дарственной» в руке смело постучалась в дверь сельсовета. Юлю приняли, внимательно выслушали и благодаря предоставленному «документу» дом чудом оставили им.

Вскоре мама пошла на поправку, и ее выписали из больницы.

Но перед тем, как все окончательно наладилось, произошло нечто важное. Именно оно определило их будущее счастье.

Мама выздоровела другим человеком и рассказала детям, что, по словам врачей, будучи в беспамятстве и бреду, между жизнью и смертью, все время порывалась куда-то, поэтому докторам приходилось привязывать ее к кровати. На самом деле в агонии она видела ужасы ада, которые не могла забыть. Кошмары продолжали мучить женщину и после выздоровления, пока сестра не рассказала о верующих, которые жили неподалеку.

В конце концов мама поверила в Бога и узнала, что ад — никакая не галлюцинация. Чистилище действительно существует, но ей там не место. Она привела к верующим своих детей, а спустя время открыла двери родного дома для собраний церкви. Так эта добротная деревенская хата, с большой любовью построенная дедушкой для своей дочери и подаренная внучке, стала Домом молитвы.

Сегодня самому младшему брату Юли, Василию Иосифовичу, 85 лет. Он пережил войну, голод 1947 года и похоронил своих родителей. На долю этого человека выпало немало серьезных испытаний, которые он до сих пор вспоминает со слезами на глазах. История с хатой стала для него не просто ярким воспоминанием детства, а настоящим чудом, которое они видели воочию и которое навсегда укрепило их веру в Господа.

УРОК

В жизни не бывает случайностей, или, как говорят, случайности не случайны.

Всем нам, папам и мамам, бабушкам и дедушкам, нужно быть чуткими к внутренним порывам. Часто это не просто наши придуманные желания, а голос Святого Духа, Который не только знает будущее, но и готовит нечто особенное для наших детей.

Невозможно все предусмотреть заранее. Народная мудрость гласит: «Знал бы, где упасть, соломки подстелил бы». К сожалению, грядущие события не в нашей власти, но мы знаем Того, Кому известно все. Любящий Бог заботится о нас, оставляя нам выбор и свободу воли. Мы можем попытаться справиться с происходящим своими силами или прислушиваться к Его голосу. А голос Святого Духа часто ненавязчивый и тихий. Некоторые люди списывают его на интуицию и даже хвалятся своей проницательностью. Другие находят много отговорок и рациональных причин, почему не стоит обращать внимание на внезапно возникший благородный порыв. Но те, кто прислушивается к этому голосу, пусть и не до конца понимая причину происходящего, по прошествии времени оглядываются назад и видят в непонятных тогда моментах руку Самого Бога.

НЕЗАБУДКИ

•

«…и уши твои будут слышать
слово, говорящее позади тебя:
"вот путь, идите по нему",
если бы вы уклонились направо
и если бы вы уклонились налево».

Исаия 30:21

Глава 7

· ВАСИЛИЙ ·

Невидимые нити к сердцу матери

Каждая молодая семья мечтает иметь детей, но жизнь складывается по-разному. Некоторым родителям рождение ребенка дается нелегко. Об этом история, рассказанная ниже.

В семье Василия и Антонины появление каждого малыша было настоящим чудом. После свадьбы женщина долгие годы не могла забеременеть. Сколько молитв тогда вознеслось в Небо, сколько слез пролилось — не счесть. По совету врачей семья переехала в другой город, чтобы сменить климат. Наконец родились сыновья. Пара хотела еще детей, но спустя годы томительного ожидания потеряла всякую надежду и смирилась с тем, что у них только двое мальчиков.

Когда Василию и Антонине было далеко за сорок и их волосы уже отчасти покрылись сединой, случилось невероятное — Господь подарил им третьего ребенка. Родители так и прозвали его — «сын старости».

Время шло. Папа работал на заводе в первую смену, мама — во вторую; старшие братья вовсю наслаждались молодостью, а младший Вася был предоставлен сам себе.

Семья жила на первом этаже девятиэтажки, на Бабурке, в новом промышленном районе на родине знаменитого запорожца. Балкон квартиры выходил на детский сад и школу, окруженные такими же однотипными бетонными застройками.

Эти дома были густо населены детьми, чьи родители усердно трудились на заводах и фабриках Запорожья. После долгого рабочего дня они, уставшие, возвращались домой в переполненных троллейбусах, по дороге успевая зайти в универсам за свежим хлебом. В день зарплаты все обычно покупали живую рыбу из огромной желтой бочки, приспособленной вместо кузова на грузовике.

Перед ужином весь подъезд наполнялся ароматом жареной рыбы. Василек (так мама ласково называла сына) с самого детства очень любил такие дни и с нетерпением ждал следующих.

Помыв посуду, Антонина ложилась отдохнуть на диван. Мальчик устраивался рядом, прижимаясь своим худеньким телом к ней, и неподвижно лежал, слушая, как бьется ее сердце.

Сколько он помнил себя, мама всегда болела. Женщина страдала от сахарного диабета, повышенного давления и к тому же имела проблемы с сердцем. Поэтому самым большим страхом ребенка, который постоянно преследовал его, а ночью превращался в кошмары, был страх потерять мать. Когда Антонина мгновенно засыпала на диване и на несколько секунд словно замирала, Васильку казалось, что она не дышит. Испытывая неописуемый ужас, он начинал теребить ее и успокаивался только тогда, когда снова слышал размеренное дыхание. Охраняя мамино сердце, мальчик следил, чтобы оно все время билось, поэтому боялся уснуть.

В 5 лет Вася пошел в детский сад. И хотя заведение находилось во дворе, ребенок тяжело переносил разлуку с мамой. Однажды воспитатели сообщили родителям, что их сын пропал. Поднялась паника, обыскали весь детский сад — мальчика нигде не было. Через несколько часов его нашли дома, под кроватью, куда он залез через открытое окно балкона.

Со временем Василек привык к воспитателям и к новым друзьям, а потом началась школа.

Старший брат женился и решил строить новый дом. Из-за плотного рабочего графика, служений в церкви и стройки сына родители редко появлялись в квартире. Но Василек не скучал: с друзьями они облазили почти каждую стройку — опасное, но такое увлекательное занятие! Плавать в 7 лет его тоже «научили» товарищи. Они просто столкнули мальчика с обрыва в бурные воды Днепра. С теми же ребятами Вася обследовал все лучшие пляжи Запорожья, иногда добираясь до них на проходящих мимо товарняках, на которые юные сорванцы запрыгивали и спрыгивали прямо на ходу.

Несколько лет подряд родители отправляли младшего сына на лето к дяде — в Сухуми. Жаркие месяцы он проводил с двоюродными братьями и сестрами, собирал на пляже бутылки и сдавал их, чтобы купить себе шашлык и первую в своей жизни кока-колу. Словом, парень рос самостоятельным человеком.

Вместе с родителями и друзьями он ходил в христианскую церковь. В подростковые годы ребята организовали при ней оркестр, а позже — музыкальную группу. Без посторонней помощи Вася научился играть на контрабасе. Окончив школу, потом училище, в 18 лет он решил поехать в Киев, поступать в теологический институт. Родители были не против, хотя и не до конца одобряли его выбор. Но Василий осуществил-таки задуманное: получил степень бакалавра и открыл библейскую школу.

Через несколько лет, учась в магистратуре, он познакомился со своей будущей женой. В 26 лет они поженились. Свою любимую младший сын лично познакомил с мамой уже после свадьбы.

После рождения первенца молодая семья перебралась жить в Америку, где к тому времени обосновались Васины родители. К тридцати с небольшим годам у их младшего сына было уже трое детей. Вместе с женой он активно служил в церкви, работал — словом, все складывалось хорошо.

Папа с мамой жили неподалеку и приезжали к ним в гости чаще, чем дети проведывали их. Наверное, пожилые родители больше нуждаются в общении, чем их молодые и «сильно занятые» дети. В каждодневной суете Василию иногда приходилось напоминать себе о сыновьем «долге» — позвонить или заехать к маме. Маленький мальчик, который когда-то плотно прижимался к маме и следил за тем, чтобы ее сердце не перестало биться, остался в далеком прошлом. Он вырос и стал главой многодетной семьи, теперь крепко прижимая к себе уже своих детей и прислушиваясь к их дыханию.

Несмотря на это, ему по-прежнему была очень дорога пожилая седая женщина, благодаря которой он появился на свет. Без размеренного стука ее сердца на какое-то мгновение Василия словно окутывает мрак, а в его душе опять воскресает самый большой страх детства — потерять мать. Нахлынувшие переживания напоминают о тряпичном диванчике, который стоял в квартире на Бабурке.

Антонина всегда молила Бога уйти в Небесный Дом в здравом уме и сразу, чтобы не быть в тягость детям.

Однажды у нее случился инфаркт. Смерть наступила мгновенно, но врачам скорой помощи удалось «завести» сердце женщины электрошоком, после чего ее подключили к аппарату искусственного дыхания. Через день, после непрестанных молитв близких, доктор сообщил, что никаких признаков мозговой активности нет и нужно отключать аппарат.

Врачи дали родным время попрощаться и вышли из палаты. Вдруг Василий осознал, что мамино сердце, бережно хранимое его любовью, через несколько минут перестанет биться. Тридцатипятилетний мужчина громко и горько рыдал, крепко прижавшись к телу измученной болезнями пожилой женщины.

В тот момент из глубины его души по-взрослому надрывно кричал маленький мальчик: «Мамочка, прошу тебя, не уходи! Не бросай меня, мамочка!»

Жена Василия не могла до конца осознать всю его боль и отчаяние. Ей невыносимо было смотреть на страдания любимого мужа. Она робко попыталась обнять супруга, тем самым напоминая — у тебя есть мы и наша любовь, но тут же осеклась и молча отошла в сторону.

Наступил самый тяжелый для Василия момент — нужно было отпустить мамочку. Выплеснув боль в крике и плаче, он вверил маму в руки Господа и впредь не проронил ни слезинки, даже на похоронах.

Младший сын прекрасно знал, где она теперь, поэтому больше не терзался болью разлуки.

В тот день, вечером, у Василия с женой состоялся глубокий откровенный разговор. Они вспоминали детство, говорили о скоротечности жизни, о суете и о том, как нужно дорожить временем и возможностью общаться с родными. Внезапно супруга призналась ему, что из-за рассказов мужа о самостоятельном детстве и юности она даже не подозревала, насколько сильной оказалась его привязанность к маме, поэтому даже не могла представить, что он так воспримет ее уход. «Подобной боли я не испытывал никогда и буквально физически ощущал, как разрываются душевные нити, а вместе с ними и связь с сердцем мамы, отчего разлука казалась невыносимой», — объяснил Василий жене.

УРОК

•

Наверное, большинство родителей до последнего вздоха имеют похожую связь со своими детьми: душевные нити безусловной любви — крепкие, как канаты, способные выдержать все и преодолеть любые расстояния.

Но и дети, которые уже стали взрослыми людьми, тоже испытывают такие чувства. Они живут родительским благословением, их молитвами и любовью. Можно находиться за много километров друг от друга, редко звонить и приезжать в гости — это ничего не меняет. Душевная связь с папой и мамой никуда не исчезает, она неподвластна времени и расстоянию. Она, как тень, как прообраз Самой Большой во вселенной Любви, Которая нам и Отец и Мать. Любви, Которая держит нас в этой жизни и будет хранить в будущей — «посредством всяких взаимно скрепляющих связей» (Еф. 4:16).

Нельзя недооценивать душевную связь между родителями и их потомками. Своим отношением к отцу и матери мы подаем пример нашим детям и делаем вклад в их будущее.

Бог дал нам возможность укреплять эти нити, однако нужно иметь мудрость и следить за тем, чтобы они не превратились в связывающие взрослых детей «веревки», но и не порвались раньше времени.

НЕЗАБУДКИ

«Почитай отца твоего и мать твою, [чтобы тебе было хорошо и] чтобы продлились дни твои на земле…»

Исход 20:12

Глава 8

UPA

Пасхальный букет для детей

Шел 1995 год. Около трех лет назад в областном городе на Северном Кавказе родилась церковь. И хотя община существовала не так давно, жизнь в ней била ключом.

После падения Советского Союза в стране повеяло неведомой до сих пор свободой. В душах многих людей, особенно среди интеллигенции и студентов, появилась жажда по Богу и интерес к Евангелию. Молодежь каялась наравне с пенсионерами, принимала водное крещение и становилась исполнителем Великого Поручения — нести веру в народы.

Пастор этой церкви жил в провинциальном городке неподалеку и почти каждый день приезжал в офис церкви, а несколько раз в неделю — вместе с семьей: женой и четырьмя младшими детьми, каждому из которых было до 10 лет.

Для проведения служений арендовали Дом офицеров с красивыми мраморными ступенями и красными бархатными стульями.

Но, как и в любом другом съемном помещении, перед каждым собранием приходилось расставлять и подключать аппаратуру, подготавливать классы для воскресной школы, а в конце убирать зал и расставлять все на свои места. Поэтому пастор с семьей приезжали задолго до начала служения и уходили последними.

Воскресенье за воскресеньем мама с детьми по нескольку часов сидела в машине, пока ее муж заканчивал свои дела: беседовал с прихожанами, проверял, ничего ли не забыли, — и только потом они возвращались домой. Зная, что ждать придется долго, жена пастора часто брала с собой бутерброды, а иногда покупала венские булочки в кафе за углом. Так, сидя в салоне автомобиля, перебиваясь сэндвичами и выпечкой, они развивали в себе очень полезное для жизни качество — плод Духа — долготерпение. К пастору всегда выстраивалась длинная очередь на «беседу». Некоторые люди даже не подозревали, что его ждет уставшая и голодная семья. А те, кто знал, думали так: ничего, потерпят, это ведь их служение, их добровольная жертва.

В церковь приходили разные люди: одни — очень настороженные и предвзятые; другие, наоборот, искренне открывали свои сердца перед Господом и даже приглашали к себе домой верующих братьев и сестер. Такой драгоценной душой была Настя. Имея мужа, она всегда приходила в церковь одна. Женщина ни в чем не знала нужды и жила в центре города в просторной квартире с высокими потолками.

Той весной, перед Пасхой, она подошла к жене пастора и пригласила ее с семьей на праздничный обед после служения. Дети очень обрадовались: горячая домашняя еда намного лучше, чем пара часов в машине со свежими, но уже изрядно приевшимися венскими булочками или бутербродами.

Пасхальное служение всегда было особенно радостным и долгим: со сцены звучали различные поздравления, праздничные песни, дети читали стихи.

Когда все закончилось, пастор с семьей поехали к Насте. Переступив порог дорого обставленной квартиры, они увидели в центре гостиной огромный празднично сервированный стол. Его размеры настолько впечатлили гостей, что первый вопрос к хозяйке вырвался сам собой: «Вы ждете кого-то еще?»

В обычных советских квартирах за обеденным столом помещалось немного людей, поэтому дети привыкли кушать отдельно, иногда сидя на диване.

Как выяснилось, Настя никого, кроме них, не ждала. Расставляя стулья, хозяева выделили каждому ребенку отдельное место, из-за чего дети сразу почувствовали себя желанными гостями.

Но главной неожиданностью оказалась большая ваза, стоявшая на соседнем столике, с огромными ветками, из почек которых уже проклевывались зеленые листочки. На каждой из них, привязанные красными ленточками, висели шоколадные яйца «Киндер-сюрприз». Составленная композиция не была частью пасхальных декораций, но стояла там не случайно.

Эти лакомства Настя купила на десерт четырем детям, причем каждому по нескольку «киндеров». Такое угощение ребята видели впервые.

Конечно, их и раньше угощали конфетами, но привезенные из-за границы сладости и игрушки стоили очень дорого. В то время каждый ребенок мечтал о шоколадном яйце с игрушкой внутри. А тут их целый букет! Дети не могли нарадоваться подарку. Впечатления от него, о проявленных к ним в тот день любви и внимании они запомнят на всю жизнь.

Почти двадцать пять лет спустя в далеком Вашингтоне солнечным воскресным утром двое шустрых мальчишек, не успев открыть глаза, радостно прокричали выученное заранее приветствие: «Христос воскрес!» и «Воистину воскрес!» Сегодня они поедут в церковь, где вместе с другими детьми будут петь в хоре и рассказывать выученные стихотворения.

Младший, Антон, которому всего 2,5 года, выучил два четверостишья — свое и брата Марка. Четырехлетний Марк, с большими умными глазами и длинными ресницами, очень переживал, что младший брат может перепутать и рассказать его стих вместо своего.

Их мама, переодевая новорожденного сына, невольно улыбалась, думая о сюрпризе, который она приготовила детям. Мальчики, судя по топоту босых ног по паркету, как раз бежали играть на первый этаж. Вдруг снизу раздались восторженные крики.

На красивом столе в столовой стояла большая ваза со спиленными с дерева во дворе ветками, на которых уже кое-где распустились зеленые листочки. Каждая из них была увешана шоколадными лакомствами — «киндер-сюрпризами». И все это для них!

Как-то Ира отправила своим сестрам фотографию мальчиков рядом с вазой. На вопрос старшей сестры «Откуда такая оригинальная идея?» она ответила коротко: «Это из моего детства».

Вот так, через десятилетия, через континенты и океаны «проросли» Настины веточки с «киндерами». Они пустили корни и превратились в дерево, которое принесло добрые плоды: любовь и внимание к детям.

УРОК

●

Не пренебрегайте своими чадами.

Сам Господь Иисус не раз говорил о стакане воды для Божьего человека и о награде. Возможно, она как раз и заключается в том, что любое дело, совершенное с любовью, вечно. Это непрекращающийся процесс, ведь, прикасаясь к сердцу дочерей и сыновей вниманием, пусть даже посредством конфет, мы запускаем невидимый механизм добра ко всем детям, с которыми они впоследствии встретятся. Сложно сказать, какое дерево вырастет из сегодняшних веточек. Но, как известно, все земное — преходяще, а неземное — вечно.

Однажды, в середине Своего путешествия, Иисус упрекнул учеников, пытающихся навести порядок: «Пустите детей и не препятствуйте им приходить ко Мне…» (Мф. 19:14).

Христос обратил внимание на малышей. Посреди служения Он возложил на них руки и благословил, тем самым показав пример. Нам, родителям, нужно почаще останавливаться и поступать так же.

То, что вы сделали одному из малых сих, они со временем передадут своим малым. Это утверждение касается, к сожалению, не только хорошего.

Помоги нам, Господи, еще больше открыть свои сердца не только для рожденных нами детей, чтобы через наше служение их жизнь наполнялась добрыми делами, которые они смогут передать своим чадам, с теплой улыбкой сказав: «Это из моего детства».

НЕЗАБУДКИ

•

«...истинно говорю вам:
так как вы сделали это одному из
сих братьев Моих меньших,
то сделали Мне».

Матфея 25:40

Глава 9

ПОЛИНА

Шрамы как напоминание об особенной судьбе сына

Совсем еще молоденькая женщина, мама двух веселых и шустрых малышей, готовила вкусный обед. Время летело незаметно. Все ее понедельники, вторники и четверги практически не отличались друг от друга: утром проводить мужа на работу, потом весь день заниматься детьми, каким-то образом попытавшись успеть сделать все домашние дела между их игрой и тихим часом, а вечером с улыбкой встретить супруга после тяжелого дня.

У Полины было двое детей. Старшему сыну исполнилось 4 года, а дочке — всего 8 месяцев. Малыши вставали очень рано. С их подъемом в доме начинала кипеть жизнь: маме предстояло сварить детям кашу, поменять мокрые подгузники, успокоить жалобный плач крепкими объятиями и ответить на уйму детских вопросов обо всем на свете.

Полина осталась сиротой в подростковом возрасте. В то время их распределяли в разные семьи, но старшая сестра оформила на себя опеку над младшими, поэтому они остались жить вместе. В 18 лет Полина встретила свою любовь и вышла замуж. В первые годы совместной жизни быт молодой пары налаживался медленно, семья стремительно росла — их было уже четверо. Они снимали небольшой старенький домик на территории лютеранской церкви, в центре растущего городка на севере Вашингтона.

Полина как раз заканчивала готовить борщ. Положив в кастрюлю последние ингредиенты: нашинкованную капусту, укроп и чеснок, она засекла на таймере пять минут, — и обед готов! Густой томатно-чесночный аромат наполнил маленькую кухню. Тем временем дочурка передвигалась по крохотной комнате на ходунках, периодически «врезаясь» в мебель и криком призывая старшего брата на помощь.

Вдруг случилось ужасное и непредсказуемое — страшная трагедия, на всю жизнь оставившая шрамы на теле ребенка и рану в сердце родителей. К трагедии невозможно подготовиться, а беду — предусмотреть.

Каким-то образом в этом стареньком доме плита оказалась неприкрученной к стене, как того требовали нормы безопасности. Все произошло мгновенно. Духовка была выключена, но ее дверца была открытой. На передней конфорке кипел борщ, а маленький Сережа стоял рядом с мамой. Отталкиваясь своими крепкими ножками, малышка буквально неслась на ходунках прямо на них. Предусмотрительный ребенок протянул руку вперед, чтобы остановить сестру, а другой рукой оперся всем своим весом на открытую дверцу духовки. Плита наклонилась, и кастрюля с кипящим борщом опрокинулась на Сережу.

За несколько секунд беда вихрем ворвалась в их еще недавно счастливую жизнь, разрушив ее привычный уклад.

Спинка, плечи и ручки малыша были сильно обожжены. Если говорить в цифрах, то его кожный покров пострадал на 40 процентов. Первые несколько дней они провели в местной больнице — все перевязки делали под наркозом. Как выяснилось позже, ребенку вкололи огромную дозу обезболивающих, что спровоцировало серьезные побочные эффекты.

Реакция детского организма на медикаменты оказалась настолько непредсказуемой, что про ожоги сразу забыли. Теперь врачи боролись за жизнь мальчика. Никто не давал гарантий, что он выживет. Казалось, ночь стала еще темнее, а кошмар превратился в неописуемый ужас.

Посреди этой «бури» Полина с мужем изо всех сил старались держаться, уповая и надеясь на Бога. Они взывали к Нему о помощи, плакали, шептали сквозь слезы, а когда совсем устали, беззвучно шевелили губами, прося Господа о милости. Он слышал и был рядом. Добрый Пастырь крепко держал их за руку, а мальчика бережно нес, прижимая к Своей груди.

Потом Сережу на самолете перевезли в главную ожоговую больницу штата, где Господь послал им самого лучшего специалиста, который своевременно принял верное решение провести операцию.

В то время при таких обширных ожогах пострадавшему делали пересадку кожи, наращивая на повреждённые участки кожу акулы. Она приживалась хорошо, но по мере роста ребёнок постоянно нуждался в повторных операциях. Идеальным вариантом считалась пересадка кожи со здоровых участков тела — достаточно болезненная и сложная процедура, после которой необходимость в повторных операциях отпадала, а рубцов и шрамов становилось меньше.

Сквозь пелену слёз Полина наблюдала за доктором. С линейкой и маркером он измерял ручки и плечики Серёжи, а потом отмечал участки на его ножках и бёдрах, откуда можно взять здоровую кожу для пересадки.

Наверное, не стоит вдаваться в детали, как выглядел мальчик после операции и каково было родителям выдержать увиденное. Но нужно отдать должное их стойкости, силе духа и вере в Бога. Материнская любовь способна открыть бездонные резервуары сил, терпения, любви и надежды, о чём, скорее всего, даже не подозревала юная Полина, ведь ей тогда было чуть больше 20 лет. Но смысл этого рассказа заключается в другом.

Мальчик поправился, и страшный кошмар о пережитых страданиях канул в прошлое. Однако шрамы навсегда остались у Серёжи под одеждой и спрятались глубоко в сердцах его родных. Но былые раны больше не кровоточили и не причиняли боли. Вспоминая о случившемся, родители не терзались бессмысленными вопросами «Кто виноват?», «За что?» и «Почему мы?».

Шли годы. Дети Полины вступили в подростковый возраст, который, как и во многих других семьях, проходил не особо гладко.

Думаю, большинство родителей переживают за своих чад, за принятые ими решения и желают им счастья. Им так хочется, чтобы их дети знали Господа, нашли свое призвание и устроились в жизни. Сегодня почти незаметные шрамы Сережи постоянно напоминают Полине о милости Бога, Его заботе и любви.

Возможно, кто-то другой рассказывал бы эту историю, как трагедию, сломавшую счастливую жизнь мальчика и его семьи. Кто-то мог бы разочароваться в Боге и разувериться. Оказываясь в беде, люди часто впадают в депрессию и винят себя в случившемся. Но только не Полина!

Для молодой женщины шрамы, оставшиеся на теле сына, — это визуальное подтверждение того, что Господь предначертал мальчику особенную судьбу. Она никогда не забудет события того дня. Бог не случайно вернул ребенка к жизни. Сережины рубцы для нее — знамение и одновременно напоминание о его непростой доле.

Этими словами Полина продолжает вдохновлять своего взрослого сына. Она верит в Господа всем сердцем и больше не живет болью прошлого. Сегодня Полина славит Творца и верит, что у ее детей особенное призвание от Бога.

УРОК

Характер детей во многом формируется нашей реакцией на происходящее. Саможаление, комплекс жертвы, несправедливость могут стать залогом неправильного отношения к трудностям, с которыми нам приходится сталкиваться.

Господь, храни наших детей и дай мудрости правильно реагировать на разные обстоятельства, чтобы мы могли передать им верную картину мира, а также Твою благость и доброту, которую Ты являешь всем нам.

НЕЗАБУДКИ

•

«Притом знаем,
что любящим Бога,
призванным по [Его] изволению,
все содействует
ко благу».

Римлянам 8:28

Глава 10

· ВАЛЕНТИН ·

Бабушка — материнское сердце в квадрате

В Москве, тогда еще столице Советского Союза, наступило время распада, острого дефицита и крайней бедности простых граждан.

За четырнадцать дней до первого дня рождения сына молодая мама родила ему братика. Два года подряд женщина вынашивала детей. В тот период с продуктами было сложно, поэтому полноценного питания никто не получал. Ели то, что удавалось достать, о витаминах никто не вспоминал. В результате мама родила второго малыша раньше срока и с патологией: слабыми ножками. Время шло, мальчик рос, но даже в полтора года не мог подняться. Разные врачи, в том числе из детской поликлиники, ставили один и тот же страшный диагноз — «рахит», давая неутешительный прогноз: скорее всего, ребенок на всю жизнь останется прикован к инвалидной коляске. Ему уже никогда не ходить, не бегать и не играть в футбол. Для одних людей между словами «диагноз» и «приговор» стоит знак равенства. Но не для всех. Другие не хотят сдаваться, поэтому начинают бороться, искать, стучать. А стучащему, как говорит Господь, отворяют, и ищущий находит (см.: Мф. 7:8).

Материнское сердце способно открывать Божественные резервы безграничной силы. Но есть иная любовь, подобная материнской, — это любовь бабушки.

Бабушку Валентина звали Таиса. Ее любовь к внукам напоминала любовь матери, только в квадрате. Она не просто поддерживала свою дочь, но и стояла за них всех в проломе.

В те годы бабушка работала на продовольственном складе в Доме отдыха, куда приезжало в отпуск советское правительство. Однажды она пришла к главному врачу того заведения и рассказала ей о своем внуке: какой диагноз ему поставили и чем это грозит для него в будущем. Бабушка с такой теплотой и любовью говорила о мальчике, что доктор с грузинским именем, которое уже и не вспомнить, прониклась к ней искренним сочувствием. Горько плача, Таиса излила ей всю свою боль. Переживания пожилой женщины глубоко тронули главврача, а ведь Валентин был для нее никем.

Врач не охала и не причитала, а просто успокоила бабушку словами: «Тая, не рыдай. Мы сделаем все, что в наших силах». А потом вынесла свое совсем не медицинское и, возможно, даже не профессиональное заключение: «Твоему внуку нужно особое питание — черная икра».

Этот совет был сродни тому, как если бы вам сказали достать кусочек Луны.

Большое спасибо, доктор! Но как-то не до смеха. Кормить ребенка черной икрой, когда колбасу в магазине практически не купить?! Где достать изысканный деликатес, а главное — откуда бедным родителям взять такие средства?

Но главврач не была голословной. Она не только знала, что нужно делать, но и как это осуществить. В ее обязанности входило выписывать и распределять продукты для Дома отдыха. Не секрет, что питание советского правительства резко отличалось от рациона обычных граждан. В меню высокопоставленных особ входила недоступная простым смертным черная икра.

Рискуя своей должностью и свободой (такие поступки преследовались законом), врач решила каждую неделю списывать определенное количество икры и доставлять ее больному ребенку домой на специальной машине. Водитель привозил лечебное лакомство прямо в упаковке.

Сейчас трудно представить, чем рисковала эта женщина. Она занимала достаточно высокое положение, которое гарантировало ей и ее семье стабильность и полный достаток. Если бы кто-то узнал о происходящем, врача могли уволить с престижной работы — и это в лучшем случае.

Но материнское сердце переживает не только за своих детей. Оно умеет сострадать и любить даже неродных мальчиков и девочек и порой готово ради них на настоящие подвиги!

Икру списывали, а машина доставляла ее по адресу Таисы в Кунцево. Ежедневно Валентину давали по ложке черной икры и дополнительное детское питание, привезенное с того же склада.

С каждым тайным приездом машины в доме росла надежда и вера в полное выздоровление ребенка.

Прошло несколько месяцев. Ножки малыша окрепли, и он стал поправляться. Вскоре Валентин сделал первые шаги — очень поздно по возрасту и совершенно невероятно по диагнозу. Родители уже не помнят, как долго им привозили питание, но на одной из первых счастливых фотографий твердо стоит на ножках хорошенький четырехлетний мальчик с двумя подбородками и круглыми щечками.

Валентин пошел в школу вместе со сверстниками. Начал заниматься спортом, особенно ему нравились борьба и бег. После окончания школы он получил профессию, начал свое дело, женился.

Сегодня у него растут сыновья и две голубоглазые, светловолосые дочки. С Божьей помощью Валентин твердо стоит на ногах в полном смысле этого слова.

Много лет спустя в свои 83 года Таиса все еще работала в гардеробе клиники, принимая и выдавая одежду посетителям. Однажды к ней подошла пожилая незнакомка — тоже бабушка. Женщина пристально посмотрела на нее и спросила: «Тая, это ты? Ты меня помнишь? Я выписывала питание для твоего внука. Как он? Все эти годы мне так хотелось узнать, как его здоровье».

Врач искренне радовалась и плакала от счастья, слушая рассказ бабушки о чудесном выздоровлении любимого внука и осознавая, как изменилась судьба молодого человека, теперь уже главы семейства.

Эту историю Таиса поведала Валентину через тридцать лет после того, как кормила его черной икрой: до этого в их семье никто об этом не рассказывал. А пару лет назад ее взрослый внук, в детстве приговоренный к инвалидному креслу, пробежал свой первый марафон — пробежал на здоровых крепких ногах, окрыленный любовью и жертвенностью бабушки и отзывчивого доктора. Когда-то они не опустили рук, чтобы он однажды смог дойти до финиша победителем.

УРОК

•

Семья — это больше, чем родители и дети. Старая поговорка гласит: «Только всей деревней можно вырастить ребенка». Коммуны, племена и «деревни» остались в прошлом, каждая семья теперь сама по себе. Здесь есть свои преимущества: свобода и независимость, свой «устав», семейные традиции. Но не всегда можно справиться без посторонней помощи. А чтобы за ней обратиться, необходимо смирение. Болезни, трудности — не «сор», который не стоит выносить из избы. Когда любовь к ближним перевешивает неразумные мысли о том, что подумают и скажут окружающие, она идет, ищет, стучит и просит.

Никогда не сдавайтесь. Боритесь за детей до последнего.

На марафоне жизни нас всех поддерживает именно Любовь.

НЕЗАБУДКИ

•

Иисус сказал:
«Просите, и дано будет вам;
ищите, и найдете;
стучите, и отворят вам;
ибо всякий просящий получает,
и ищущий находит,
и стучащему отворят».

Матфея 7:7-8

Глава 11

· ВЕРА ·

Гречка за 100 рублей

Крым. Начало 1980-х годов. В новой пятикомнатной квартире на девятом этаже жила большая счастливая семья — бабушка Лена, папа (ее сын), мама и пятеро детей. Старшая — Вера, ее брат Сашенька, сестренка Аленушка и малыши-погодки Василек и Алешенька.

Вид из окон завораживал взор: с одной стороны, за новым микрорайоном, находился пивоваренный завод (что не вызывало особого интереса у подрастающего поколения), а за ним виднелся лес, в котором дети с папой собирали для мамы цветы — огромные красные маки.

Тогда Вере казалось, что этот дремучий лес не имеет конца, в нем непременно есть пещеры и землянки с партизанами, которые жили в них до сих пор. Из окна в спальне малышей, изгибаясь по покатому горбу холма, виднелся зеленый луг, а за ним простиралось бескрайнее кукурузное поле. Летом весь город собирал там кукурузу, ведь все везде было общее — народное!

На лугу Вера собирала душистый чабрец, из которого мама заваривала вкуснейший чай. Место на окраине города казалось волшебным, но как только они заходили в дом, сказка тут же заканчивалась.

И хотя здание построили не так давно, в подъезде скверно пахло, лифт периодически не работал, горячая вода подавалась с перебоями, а освещение на лестнице то появлялось, то пропадало. Время было такое — нестабильное и смутное.

Прокормить многодетную семью тоже оказалось непросто. Мама покупала продукты на базаре, что-то выращивали на даче. Однажды папа принес с ярмарки целое ведро маленьких, одно в одно, белых яиц. Вот это роскошь! Вера до сих пор помнит, как ей хотелось их пересчитать.

Когда девочке исполнилось 9 лет, произошла одна печальная, но очень поучительная история. История, которую они запомнят на всю жизнь и которая послужит хорошим уроком на будущее.

Трудолюбивый папа был оператором котельной, а в свободное время дополнительно занимался строительными работами. Деньги он приносил жене, и она покупала все необходимое. На тот момент зарплата отца составляла 170 рублей в месяц, и это на восемь человек. Любой дополнительный заработок служил хорошим подспорьем семейному бюджету.

Однажды в доме появилась солидная купюра — 100 рублей. Появилась и в тот же день таинственным образом исчезла.

А произошло все так.

Лето в Крыму всегда стояло жаркое. Что такое кондиционер, граждане Советского Союза не знали. Пытаясь хоть как-то охладить и проветрить квартиру, все открывали окна и форточки, и в душное помещение проникал приятный ветерок.

Тем летом мама была беременна. Ей приходилось очень нелегко. Каждый день она с малышами поднималась по лестнице на девятый этаж, таща тяжелые сумки с продуктами. Как-то жарким днем, после долгих и беспокойных поисков, мама собрала всех детей и спросила: «Кто из вас взял денежку? У нас пропали сто рублей».

Малыши понятия не имели, о чем речь. Мама достала из своего кошелька помятую желтую купюру в 1 рубль, показала ее детям и повторила вопрос: «Кто взял похожую бумажку?» Двое малышей отрицательно качали головой. Трое старших: Вера с братом и сестрой, — тоже стояли с широко открытыми от удивления глазами. «Мы ничего не брали!» — в один голос говорили дети.

Но мама не останавливалась. Чужие в квартиру не заходили. Она лично положила купюру на холодильник, но ее там не оказалось. «Нет, мои милые, кто-то из вас взял эти деньги. Вы просто признайтесь и верните мне их». После безуспешных уговоров и увещеваний, не найдя пропажи и совсем отчаявшись, мама стала пугать детей ремнем. «Вот папа придет с работы и накажет вас, почему вы меня обманываете?» Он непременно отшлепал бы несговорчивых воришек, но деньги нужно было срочно найти, поэтому маме пришлось действовать самой.

Она взялась убирать обувь, стоявшую вдоль стены в коридоре. Потом достала пакет с гречневой крупой и тонкой струйкой насыпала ее вдоль стены. Дети стояли завороженные: им еще не приходилось видеть ничего подобного, ведь мама очень любила порядок, а тут она не только мусорит, но и переводит продукты! Что происходит?

«Верочка, становись», — скомандовала мама и показала на гречку. Девочка послушно опустилась коленками на крупу — колкие зерна сразу же впились в ее худенькие коленки.

«Саша, теперь ты». Мальчик безоговорочно последовал примеру сестры.

«Аленушка», — мама жестом показала дочке стать рядом со старшими. Девчушка была нежным, пухлым ребенком, поэтому сразу же расплакалась от боли.

«Мамочка, мы, правда, не брали деньги!» — сквозь слезы вторили дети. Вера уже не помнит, сколько это продолжалось: тридцать секунд или пять минут. Обычно в таких случаях время очень тянется, а наказание кажется бесконечным.

Вытирая слезы, кто-то из детей посмотрел в сторону кухни и случайно увидел между холодильником и стеной заветную 100-рублевую купюру.

Радость от найденных денег, таким нелегким трудом заработанных мужем, омрачилась горьким сожалением о незаслуженном наказании детей. Наверное, не стоит рассказывать, как бедная мама со слезами на глазах извинялась перед ними. Чувство вины переполняло ее, ведь это она открыла форточку после того, как положила деньги на холодильник, а их просто сдуло ветром.

Но никто не затаил обиды на маму и не вспоминает эту историю с укоризной. Наоборот, случившееся впоследствии поможет им научиться быть снисходительными и не торопиться обвинять. Научиться выслушивать и верить своим детям, просить у них прощения. Родители тоже могут быть неправы. Иногда, совсем не со зла, они ошибаются и совершают импульсивные поступки. В такие моменты прощение — самое лучшее «удобрение» для настоящей любви и глубокого уважения.

Сегодня их родителям уже за 60, Верочке — за 40, братьям и сестренке — за 30. Когда-то «малыши» теперь сами многодетные отцы. Вспоминая время от времени эту слезную историю, они до сих пор смеются.

И, конечно, семья по-прежнему очень любит гречку. Только не на полу, вдоль стеночки, а в тарелке, с маслом и подливой!

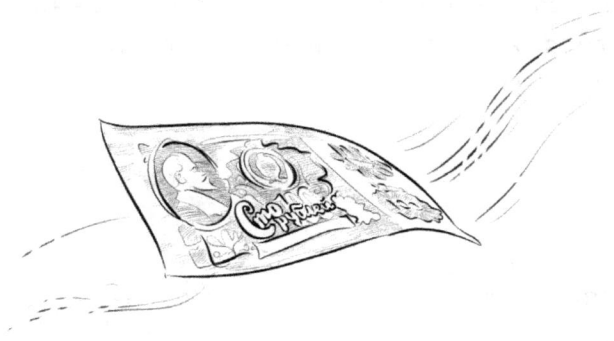

УРОК

•

Прощение.

Некоторые родители ошибочно полагают, что, признав вину, необъективность и извинившись за свое поведение, они могут потерять авторитет в глазах детей. На самом деле все происходит наоборот: добрые отношения исцеляются и становятся только крепче, когда одни просят прощения, а другие чистосердечно прощают.

Потому что даже несправедливое наказание не оставляет ран в душе, когда за ним следует объяснение и искреннее раскаяние. Дети легко прощают ошибки, но их глубоко ранит неискренность, лицемерие и грубость.

Еще Лев Николаевич Толстой писал: «Детей не отпугнешь суровостью, они не переносят только лжи»[3]. Никто не может вырастить детей, не совершив ни одной ошибки. Но самая большая ошибка многих родителей заключается в том, что они не хотят признавать свои проступки и просить за них прощения.

---

[3] https://socratify.net/quotes/lev-tolstoi/25045

НЕЗАБУДКИ

•

«…но будьте друг ко другу добры,
сострадательны,
прощайте друг друга,
как и Бог во Христе простил вас».

Ефесянам 4:32

Глава 12

· ПАВЕЛ ·

Круп, астма и тарзальная коалиция

Павел, здоровый и пухлый красавец, родился в октябре 2006 года, но почти сразу попал в реанимацию из-за жидкости в легких, после чего рос слабым и болезненным мальчиком.

В 2,5 года он переболел крупом, а дальше появились серьезные проблемы с дыханием, сильные приступы кашля, синяки под глазами. В итоге врачи поставили ребенку страшный диагноз — «астма».

Мама и папа молились и очень переживали за сына. Сначала приступы случались только на фоне простуды, но с каждой осенью они все больше затягивались. Семья Павлика живет на северо-западном побережье США, где с октября по март из-за бесконечных дождей стоит унылая сырая погода.

Благодаря обильным осадкам их штат — вечнозеленый и неописуемо красивый; чудесные махровые горы напоминают густое зеленое полотно из тысяч разлапистых елей, что растут в здешних местах. Но для астматиков подобный климат неблагоприятный.

Родители Павлика неотступно просили Бога об исцелении. Они верили, консультировались с местными врачами и их российскими коллегами, а в экстренных случаях спасались альбутеролом.

Осенью после очередного обострения врач выписал мальчику стероиды. В рецепте было указано: принимать каждый день утром и вечером. Поздней ночью, когда Павел и его сестрички уже спали, папа с мамой изучали в Интернете информацию о новом препарате и читали форумы. Огромный перечень побочных эффектов и страшные истории родителей астматиков расплывались на экране из-за слез читающей мамы. После долгого обсуждения папа твердо сказал: мы не будем давать сыну это лекарство, а будем молиться и верить, что Бог исцелит его, и Павел перерастет астму.

Мальчик вырос и пошел в школу. Возвращаясь поздней осенью и зимой домой, вместо того чтобы идти обедать, он спешил прилечь на диван. Его часто мучили головные боли, отсутствовал аппетит. Худенький и бледненький ребенок заходился в кашле на заправках, в магазинах, а особенно по ночам.

Следующие несколько лет родители пытались делать все, что могли. Павел состоял на учете в Центре астмы в Ванкувере, где у него взяли пробы на возможные аллергены; в доме сделали ремонт — убрали все ковры, постелили паркет, купили специальные подушки, одеяла, эфирные масла, диффузоры и многое другое, но результата не было.

Затем мальчику сделали операцию и удалили гланды. Несколько раз в период резкого обострения родители срывались и увозили детей в теплую Флориду или в Калифорнию, но это не особо помогало. Пока девчонки радостно бегали, купались, бедный Павел лежал на шезлонге, завернувшись с головой в полотенце, и тихонько кашлял — «кхыкал». Папа с мамой то впадали в отчаяние, то вновь бодрились: боль и слезы сменялись искренней надеждой, что все скоро пройдет.

Через несколько лет, в воскресенье, мама вышла в церкви на сцену и поделилась свидетельством: этой зимой, как и в последующие годы, Павлик обошелся без альбутерола, за что они бесконечно благодарны Богу.

Но все это только предыстория к тому, что произошло с мальчиком между 10 и 13 годами.

Несколько лет назад его друг Нейтан праздновал свой день рождения в *Sky Zone* — огромном зале со всевозможными батутами — мечта и любимое место многих детей. В числе приглашенных оказался и Павел, чему был очень рад.

Во время праздника он подвернул ногу, и домой его принесли на руках. Помня о низком болевом пороге сына, родители понаблюдали за ним пару часов, но ближе к полуночи мама, не находя себе места, уговорила более уравновешенного папу поехать в скорую и сделать рентген на «всякий случай».

После стандартных четырех часов ожидания в приемной и проведенного обследования они уехали домой с костылями: перелома не обнаружили, мальчик сильно ушибся и потянул щиколотку. Он немного хромал, но скоро пошел на поправку, и об этом инциденте забыли до первого длинного похода. На протяжении следующих трех лет мальчик периодически жаловался на боль в ушибленной когда-то правой ноге, а после больших нагрузок снова начинал хромать.

Из трех детей в семье он — средний. Но в парке, на пробежке, в путешествиях, когда приходилось много передвигаться, он уставал больше всех и всегда жаловался на боль в ноге. Если мама с девочками бежала, сын ехал рядом на велосипеде. Родители списывали это недомогание на давнюю травму.

Павлик добрый, чуткий и умный мальчик. К тому же он — отличник. На мой взгляд, этого достаточно — не всем же быть спортсменами. Однако в то же время он ведь растет мужчиной, а значит, нужно учиться бороться с трудностями. Когда боль мешала Павлику идти дальше, все останавливались, отдыхали, сокращали маршруты, но приговаривали: «Сын, ты мужчина, девчонки же идут, и ты давай! Надо тренироваться и закаляться, чтобы быть сильным». Хотя в душе родители несколько сомневались в правильности выбранной стратегии.

Считается, что, если хочешь вырастить настоящего мужчину, необходимо быть строже. Но ведь и раньше не до спорта было. Главное — здоровье, поэтому, как есть, ну нет у мальчика тяги к физическим нагрузкам, да и не всем они нужны.

В 13 лет на обычном ежегодном приеме у семейного врача мама попросила доктора осмотреть ногу Павлика, чтобы понять причину жалоб сына, который еще летом заметил, что его правая стопа не поворачивается так свободно, как левая. Врач недоумевал, почему ему раньше не сообщили об этом. Потом нащупал что-то необычное и наконец высказал свое предположение: возможно, три года назад перелом все же был, и косточки неправильно срослись. Врач дал направление к ортопеду, но попасть к нему оказалось делом не одного дня.

Наконец дождались. Произведя повторное обследование, доктор показала маме и сыну рентгеновские снимки трехлетней давности, крайне удивляясь тому, что коллеги из скорой не сообщили им никаких подробностей той ночью.

У Павла обнаружили порок развития стопы — распространенное врожденное состояние, которое называется «тарзальная коалиция». При такой патологии две или больше косточек ступни неправильно срастаются еще в утробе матери.

Дома мама прочла, что слияние костей происходит из-за нарушения процесса их разделения у плода на различных стадиях беременности. Следовательно, врач оказалась права, но истинных причин выявленной патологии никто не знал. Кроме того, в материале о данном нарушении говорилось, что его симптомы проявляются как раз между 10 и 13 годами.

Почему той ночью доктор ничего не сказал об очевидном на снимках сращении, непонятно. Возможно, он полагал, что родителям это хорошо известно, а приехали они из-за конкретной травмы. Ну и слава Богу! Кто-то даже может подумать: ничего ведь страшного не произошло. Операцию можно не делать, а просто научиться подстраиваться под Павла.

Но в ту ночь мама совсем не спала.

Хорошая память не всегда служит хорошую службу. Часы напролет перед глазами женщины мелькали картины из прошлого — семейные поездки, прогулки, походы по городам, паркам и горам. «Давай, Павел, идем, еще немного, ты сможешь, ты же мужчина, ты сильный, мы все тоже устали...» А он ведь не притворялся. Из-за отсутствия хрящика между двумя косточками у него действительно болела нога. Они срослись много лет назад, во время самой тяжелой маминой беременности, когда она не раз теряла сознание. Не только ее организму пришлось нелегко, маленькая ножка тоже чуть-чуть «не справилась».

«Прости меня, сынок! — всхлипывала мама. — Прости меня, Господь! Я же не знала!..»

И снова перед ее взором проплывали картины путешествий, прогулок, походов, постепенно утопая в потоке слез и невыносимом чувстве вины.

В очередном порыве сожаления мама вдруг подумала о снисхождении и одновременно осознала, что многое остается невидимым для нас: какие-то патологии закрыты плотью, что-то сокрыто глубже костей и тканей — в самой глубине сердца. Мы можем годами не знать причин, наблюдая только их следствие, но это не значит, что таковых нет.

УРОК

●

Как найти баланс между ответственностью воспитать настоящего мужчину и потаканием обычной лени и слабости характера? Как помочь ребенку развить в себе сильные качества, не «ломая» его уникальности? Думаю, важно отстраниться от чувства вины и искать мудрости у Бога. А Он, как известно, «дает всем просто и без упреков» (см.: Иак. 1:5).

Нам необходима мудрость, чтобы понимать, где проявить требовательность, а где — снисхождение, когда нужна строгость, а когда — чуткость, в каких обстоятельствах стоит дисциплинировать ребенка или же простить и поощрить его.

Чтобы поставить себя на место другого, понять, посочувствовать и разделить его слабости, тоже необходима мудрость. А опуститься на уровень чада и снизойти может только тот, кто оделся в Божественное милосердие, доброту и долготерпение.

Чаще всего мы учимся этому на ошибках.

В сложившейся ситуации родителям важно было понять главную задачу: не вырастить из Павлика чемпиона, а научить его достигать цели, побеждая себя, но делать это не в одиночку, а вместе с семьей, с теми, кто рядом, но слабее, с теми, кто, любит своих детей, но не всегда успевает за ними.

Там, где пребывает мудрость, всегда торжествует любовь.

НЕЗАБУДКИ

•

«Итак облекитесь,
как избранные Божии, святые
и возлюбленные, в милосердие,
благость, смиренномудрие,
кротость, долготерпение,
снисходя друг другу…»

Колоссянам 3:12-13

Глава 13

· САША ·

Загадай желание

В середине 90-х годов в только что распавшемся Советском Союзе были открыты не только границы, но и сердца для проповеди Евангелия. Приезжающие из Европы и Америки служители охотно жертвовали на нужды церкви. Кроме пасторов и учителей Библии, на огромном миссионерском поле в России находили свое место и бизнесмены-христиане.

Один такой предприниматель из Швейцарии впервые посетил Россию в 1992-м, после чего каждый год возвращался, так как был спонсором и организатором детских христианских лагерей и различных евангелизаций.

Миссионеры жаждали проповедовать Евангелие, строить церкви и открывать библейские школы. Они привозили огромные деньги на различные проекты, иногда не осознавая, что семьи служителей остро нуждаются в финансах.

Однако некоторые из них переживали за людей и искали возможность, как помочь нуждающимся и их семьям. Они не только участвовали в организации служения, но и строили отношения, заводили дружбу, которая останется на годы и десятилетия.

Брат Роланд из Швейцарии принадлежал к числу таких людей. Необыкновенно добрый, всегда улыбающийся голубоглазый мужчина несколько лет подряд посещал семью одного пастора.

В то время обычные люди крайне редко ужинали в ресторанах, гостей приглашали домой. Роланд никогда не приходил с пустыми руками, он любил побаловать детвору из многодетной семьи изысканными лакомствами. Будучи отцом, он часто рассказывал о своих детях и всегда обращал внимание на потребности местных ребят.

В семье пастора росло несколько дочек и младший сын Саша. То ли от обилия девчачьих кукол, платьев и косичек, то ли просто, как и подобает всем мальчикам, маленький Саша очень любил машинки — не конструкторы, не поезда, не самолетики, не кораблики, а именно автомобили. Он наизусть знал все марки и модели и не пропускал ни одной на дороге в надежде увидеть какую-то новую иномарку среди привычных автобусов, «жигулей» и «москвичей».

Самым лучшим подарком для него была новая машинка.

В то время большинство детей воспитывались скромными и не требовали к себе повышенного внимания, поэтому, наверное, в отделе детских игрушек не слышно было истерик громко кричащих и топающих ногами малышей. Тогда никто не писал списки подарков на Рождество или день рождения. Даже когда родители спрашивали пожелания детей, те часто не знали, что ответить.

Скромность — хорошее качество. Понимание возможностей семьи — тоже немаловажно. А еще лучше, имея кроткий нрав, не утратить способности мечтать и даже дерзать.

Однажды Роланд рассказал, что его взрослый сын любит машины. Правда, не игрушечные, а настоящие. Он мечтал о *Lamborghini Diablo*, но Роланд отказал ему из-за ужасно звучащего названия (*Diablo* в переводе с испанского означает «дьявол». — *Прим. редактора*).

В очередной приезд гость попросил родителей позвать в комнату всех детей и обратился к ним с особенным предложением. «Я хочу исполнить по одному вашему желанию. Заказывайте, не стесняйтесь», — искренне произнес Роланд. Дети смущенно переглядывались, вопросительно смотря на родителей: это серьезно или нас проверяют на жадность? Помявшись на месте и виновато улыбаясь, они тихо поблагодарили гостя за предложение и сказали, что им ничего не нужно.

Однако Роланд не отступал. «Ну скажите, о чем вы мечтаете? Чего родители не могут купить вам? Цена не имеет значения. Это необязательно должна была игрушка», — объяснял он детям, а они совсем растерялись.

О чем дети мечтают в 10 лет? В свои юные годы они уже прекрасно понимали возможности богатого швейцарца, поэтому с горящими от восторга глазами перебирали в уме предметы из «списка желаний». У них не хватало смелости озвучить заветную мечту состоятельному гостю в присутствии своих родителей, которые растили их скромными, бережливыми и жертвенными.

Семья пастора жила в обычной трехкомнатной «хрущевке»: зал, он же столовая и комната отдыха для частых гостей, приехавших переночевать, и две спальни — одна родительская, другая детская. В ней на расстоянии полутора метров друга о друга стояли две двухъярусные кровати, шкаф и полка в углу. Ребята давно привыкли к такой обстановке, поэтому в их «списке желаний» не оказалось просторного дома в Подмосковье. А жаль, подумали бы взрослые.

После мучительного раздумья дети, подбадриваемые братом Роландом, все-таки озвучили свои мечты, позволив щедрому служителю благословить их. Девочки попросили резиночки, заколочки, игрушки, а Саша — набор машинок. Конечно, игрушечных. Наверное, тех, которые он видел в магазине и на которые не раз заглядывался.

«Просите, и дано будет вам…» (Мф. 7:7). Что же мы получим? То, что просим. А еще написано: «…не имеете, потому что не просите» (Иак. 4:2).

Кроме того, брат Роланд оплатил им путевки в летний лагерь на этот сезон и на следующие несколько лет. Он оставил маме деньги на исполнение скромных желаний детей.

Подросший Саша много раз вспоминал тот случай, досадуя: «Эх, если бы сейчас мне такой шанс выпал, я точно знал бы, что попросить».

Любовь мальчика к машинам не прошла со временем: теперь у него было несколько обычных и эксклюзивных автомобилей. Возможно, случившееся тогда научило его не только мечтать и дерзать, но и осуществлять свои желания.

УРОК

Сегодня мы живем в мире неограниченных возможностей и разнообразия выбора. Но, к сожалению, тысячи молодых и неопытных людей безвозвратно тонут в пучине пустых амбиций и погоне за материальными благами. В наше время многие христиане с трудом отделяют чувство успеха, собственного достоинства от пафоса и гордыни.

Как же тогда научить детей скромности и в то же время не дать им упустить свой шанс, помочь нашим потомкам с умом и дерзновением использовать открывающиеся перед ними возможности?

Стоит ли вообще такому учить?

Ведь ненароком можно переборщить, и тогда они рискуют стать пустыми мечтателями, авантюристами или, не дай Бог, попрошайками. Большинство родителей понимают, что это непросто и для этого требуется много мудрости. Важно суметь научить детей принимать Божьи благословения со смиренным и благодарным сердцем, но без крайностей.

Бог благ — Он никогда не жадничает.

Господь обещает благословить наш труд и старания. Он обещает помогать нам осуществлять Его волю и мечту, которые вложил в нас. Поэтому нужно с благодарением принимать дары свыше и передавать их дальше. Важно научиться использовать свои таланты, чтобы стать Божественным благословением для других — на благо всех, а особенно своих близких.

НЕЗАБУДКИ

•

«Как от Божественной силы Его
даровано нам все потребное
для жизни и благочестия…»

2 Петра 1:3

Глава 14

· КЕЙТИ ·

Манго и вьетнамки

Кейти — маленькая, хрупкая женщина с большим любящим сердцем. Сегодня она гражданка Америки, мама четырех детей, христианка и замечательный мастер маникюра.

Тридцать лет назад она была не Кейти на американский манер, а Хан Ли — одной из трех детей в бедной вьетнамской семье, которая жила в небольшом поселке в разрушенной войной и нестабильной Социалистической Республике Вьетнам. Руководство страны слепо пыталось копировать советскую модель народного хозяйства, что привело к серьезному экономическому кризису. Учеба была платной, поэтому папе с мамой приходилось много работать, чтобы дать детям хоть какое-то образование.

Вопреки трудностям жизни, строгие и суровые родители любили своих детей и хотели для них самого лучшего.

Из-за теплого климата в тех краях в основном носили шлепанцы, известные как «сланцы» или «вьетнамки». Обычно резиновые или пластиковые. Детям покупали только одну пару в год, а тем, кто их портил или терял, приходилось дохаживать оставшееся время босиком.

И хотя папа с мамой тяжело работали, семья жила впроголодь. С понедельника по воскресенье они питались одним рисом. Яблоко детям давали раз в месяц. В поселке, где жила Кейти, росли высокие манговые деревья — сладкая мечта бедной, всегда недоедающей детворы. Их плоды созревали раз в году, но предназначались исключительно на продажу, в связи с чем манго тщательно оберегали от насекомых и различных вредителей. Для этого на каждый плод надевали бумажный пакет и плотно его закручивали — так фрукт быстрее созревал и не доставался птицам и червячкам.

Шустрая Кейти больше дружила с мальчиками, чем с девочками. Ей нравилось бегать по улицам, придумывать приключения и преодолевать их. Ее родители часто обнаруживали на своих деревьях аккуратно надетые пустые пакеты там, где еще недавно висели долгожданные плоды. Они знали, чьих рук это дело, и как следует наказывали худенькую девочку-подростка за непослушание и ущерб семейному бюджету. Но она не могла противостоять искушению, которое оказалось слишком велико.

Однажды Кейти с друзьями обнаружила необычайно крупные и зрелые манго у богатых соседей в конце улицы.

Их дом был огорожен высоким забором, а плоды никто не закрывал бумажными пакетами — хозяева не выращивали их на продажу. А раз нет нужды, значит, ими можно поделиться, решили дети.

Ребята составили план действий и встретились на рассвете следующего дня. Ветки высокого дерева наклонились через забор, поэтому нужно было чем-то сбить плоды, не проникая внутрь двора. Почему-то единственным предложенным вариантом оказался шлепанец.

Парни не хотели рисковать своей обувью, но отчаянную Кейти было не остановить — ее сланец тотчас полетел вверх, но из-за слабого броска сбить огромные плоды не удалось, а сам сланец упал далеко за забор — на крышу. Прощай, единственная обувь! Дети попытались спасти шлепанец, подняли шум, разбудили собаку, из-за лая которой проснулись хозяева, и в итоге убежали ни с чем.

А днем, когда родители вернулись с работы, соседка пришла жаловаться на их дочь.

«Воровка, обманщица!» — негодовала мать, сгорая от стыда. А маленькая Кейти пряталась под кроватью-лежанкой в ожидании ужасного наказания. Отхлестали ее так, что она до сих пор не может забыть тот кошмар. И рассказывает своим детям о том, что у каждого поступка есть последствия.

Но помнит она не только это.

Еще Кейти никогда не забудет, как на следующий день к ним домой снова пришла та соседка. То ли ее мучала совесть за то, как жестоко наказали ребенка, то ли ей стало жаль бедных, голодных детей, но она принесла им несколько спелых манго со своего дерева, причем совершенно бесплатно!

А еще через несколько дней папа принес Кейти пару новеньких вьетнамок. Так неожиданно и, казалось, незаслуженно девочка почувствовала любовь и заботу. Кейти запомнила многое из своего в буквальном смысле босоногого детства, но история со шлепанцем и манго стала для нее проявлением Божьей благодати и Отцовской любви, с которой она столкнется еще раз, но лично познает в своей новой жизни в другой стране.

Однажды старшеклассники поехали в летний лагерь на море. Плавать Кейти не умела, море видела впервые, но вместе с остальными ребятами зашла в воду. Восторгу девочки не было предела. Из-за небольших волн в одну секунду она стояла по колено в воде, а через мгновение — уже по пояс. Держать равновесие оказалось непросто. С новой сильной волной девушку потянуло на глубину. Дно ушло из-под ног, и Кейти оказалась под водой. Разум твердил одно: мне никто не поможет, я тону! Будучи буддисткой от рождения, она вдруг вспомнила соседей-католиков и их рассказы о добром Боге, Который пришел к людям.

В отчаянии девушка мысленно обратилась к Нему: «Если Ты есть, спаси меня!» — и тут же почувствовала сильную руку, под спину выталкивающую ее из воды. Затем Кейти провалилась в темноту и тишину. Придя в себя, она обнаружила, что лежит на песке, а вокруг нее столпились ученики и одноклассники. «Кто спас меня?» — пыталась выяснить девушка. Все как один повторяли, что нашли ее уже на берегу.

Она никогда не забудет ощущения сильной руки на своей спине, но, так и не найдя объяснения случившемуся, «отложит» воспоминание на одну из дальних «полок» памяти.

Позже Кейти вышла замуж, переехала в Америку и родила четырех детей. Она выучилась на мастера маникюра и устроилась в салон. Ее отношения с мужем в итоге разладились, и он оставил семью. Чтобы прокормить детей и отвлечься от гнетущих мыслей, Кейти с головой окунулась в работу, но тоска не уходила, а чувство одиночества становилось еще сильнее. Где найти силы простить и перестать жить в боли? Кто поможет поднять детей? Душа Кейти искала крепкую руку, на которую она могла бы опереться. Ответ пришел не сразу. Одна за другой клиентки во время общения рассказывали ей о своей вере в Иисуса Христа. Сначала она просто слушала, потом начала расспрашивать: «А как ты общаешься с Богом? Как Он говорит с тобой?»

Однажды клиентка Наташа пригласила вьетнамку в свой дом и предложила попросить Иисуса стать ее Спасителем и Богом. Во время молитвы Кейти сразу почувствовала Его присутствие. От нахлынувшего ощущения любви ее сердце сокрушилось и растаяло. Вместе со слезами исчезли обида, боль и чувство одиночества. Вдруг Кейти почувствовала на спине большую, сильную руку и сразу вспомнила те страшные секунды под водой. Это была та же рука благодати, вернувшая ее к жизни. Она приняла Иисуса, и Сам Бог, заботливый и любящий Небесный Отец, стал Отцом и ее детям. Однажды спасенные Его благодатью, они живут с Ним и благодаря ей.

УРОК

•

В восточной и славянской культурах в вопросах воспитания дисциплина занимает далеко не последнее место. Кому-то может показаться, что строгость — высокодуховное славянское качество. Наверное, отчасти так и есть, но только в том случае, если эта строгость направлена на себя.

В Библии мы находим интересный отрывок, где, как ни странно, говорится, что не угроза суда, а именно «благость Божия ведет [нас] к покаянию» (см.: Рим. 2:4). Удивительно, но ведь должно быть наоборот — строгость должна дисциплинировать и делать нас лучше, а страх наказания — удерживать от греха.

Каждый родитель понимает, что без дисциплины нельзя воспитать трудолюбивых, ответственных и бережливых детей. Это факт.

Но очевидно и то, что Писание не может ошибаться, а значит, наше славянское понимание «солдатского» порядка не совсем соответствует Божественному замыслу.

Бог Отец сочетает в Себе и строгость и благость одновременно. Нам, родителям, необходимо развивать в себе эти качества и неизменно вместе: строгость, благость, кротость и долготерпение.

НЕЗАБУДКИ

•

«Посему, (возлюбленные,) препоясав чресла ума вашего, бодрствуя, совершенно уповайте на подаваемую вам благодать…»

1 Петра 1:13

Глава 15

· МАРИНА ·

Платье, которое согрело душу

Наверное, есть такой возраст, когда старших детей не замечают. Вместо этого все внимание обращено на младенцев: как славно они аукают, на кого из родителей больше похожи и т. д.

Многим нравится общаться с малышами: они же так забавно «разговаривают», так неподдельно и искренне радуются, что невозможно оторвать глаз.

Кому-то интересно общаться с молодежью, ведь у нее уже сформировалось свое мировоззрение, а также выработались привычка мыслить логически и умение вести беседу. Нас восхищает юношеский пыл и одновременно поражают, даже веселят их грандиозные планы на будущее.

Но существуют еще и подростки — это уже не дети, но еще и не молодежь, — которые словно застряли посередине. Представители этой «прослойки», как правило, стеснительные и неуклюжие, с непропорционально вытянувшимися руками и ногами, с высыпаниями на лице, комплексами переходного возраста и бурлящими через край гормонами. У них еще нет твердой уверенности в себе, но при этом от детской доверчивости в их сердцах не осталось и следа. С ними непросто завести разговор. Часто они либо совсем замкнутые и тихие, либо чересчур бурные и агрессивные.

А еще бывает, что до них никому нет дела или так, по крайней мере, они себя ощущают.

Оле было то ли 12, то ли 13 лет. Она не могла сказать точно, а ее попытки найти снимки соответствующего периода в многочисленных альбомах огромного семейства заканчивались ничем. Зато в них хранились сотни фотографий маленькой Олечки: с челкой и косичками, со стрижкой «под мальчика», а потом снова с челкой и косичками. Вот она стоит с братом, папой и мамой. Подобных снимков было множество, как и первых приятных воспоминаний из раннего детства.

А потом в семье родились еще братья и сестры. Внезапно заболел младший братик. Ему поставили страшный диагноз — «рак обоих глаз». В результате ребенок ослеп и умер в 4,5 года.

За это недолгое время старшие дети сильно повзрослели. Они все понимали и больше не требовали к себе повышенного внимания, стараясь во всем помогать родителям: делали посильное им по дому, молились и верили вместе с папой и мамой. А потом плакали, совершенно не понимая, почему, зачем и, главное, — как теперь жить.

Каждый из них очень переживал из-за случившегося.

В то время не существовало ни консультантов по подобным вопросам, ни душепопечителей, которые могли бы помочь детям справиться с болью. Зато рядом были родители, которые, не находя объяснения постигшему их горю, продолжали жить, верить и любить.

Вскоре после похорон у папы возникли проблемы с сердцем.

Теперь фокус родных, их молитвы сместились на главу семейства. И все это на фоне забот о большой семье, в том числе о малышах, и бесконечной вереницы домашних дел.

Даже у самых лучших и бесконечно любящих родителей бывают такие периоды, когда ребенок чувствует себя невидимкой. Тогда заботливый Небесный Отец посылает в их жизнь Своих ангелов — обычных людей, которые обратят на них внимание, послушают, поговорят и, прикоснувшись к сердцу ребенка, согреют его Божественной любовью.

Таких ангелов существует немало.

Однако в тот момент, когда они посещают нас, мы не понимаем их истинной природы. Даже по прошествии десятков лет воспоминание о встрече с ними является лишь частью нашей жизни, которая с каждым годом летит все быстрее и быстрее. Порой ветерок ворошит ее страницы, и перед нами снова оживает событие, момент или человек. Тогда мы наконец осознаем, что произошло на самом деле.

Таким Олиным «ангелом» была тетя Марина, тихая, скромная и очень добрая незамужняя девушка. Она не приходилась девочке родственницей и была примерно лет на тринадцать старше ее. Симпатичная, худенькая, ухоженная и всегда стильно одетая Марина приезжала к ним из Краснодона (ныне Луганска). А еще Марина оказалась талантливым модельером, умелой швеей и закройщицей.

Среди бурного общения на церковных и семейно-дружеских чаепитиях с песнями и громкими молитвами Марина заметила неуклюжую, сутулую и неприглядную девочку-подростка, которая уже понемногу превращалась в девушку.

Марина тихонько подходила, садилась рядом с ней и о чем-то говорила, тем самым выделяя девочку из общества взрослых. Оля не помнит сути разговоров. Возможно, потому что в них не затрагивалась какая-то определенная тема. Оля знала, что тетя Марина сшила маме два платья, которые та поочередно носила — два ее любимых и единственных наряда.

Однажды Марина приехала в необычайно красивом платье с принтом из роз кремового, пудрового и коричневого оттенка, с воротничком и ленточками, с рукавами-фонариками и с оборкой по подолу юбки. А еще на рукавах и вверху у воротника красовались вставки в виде сот из собранной стежками ткани. На фоне преобладающих серо-черных тонов того времени цветочный орнамент казался настоящим произведением искусства.

Вряд ли у Оли промелькнула мысль «Вот бы мне такое», она просто восхищалась платьем и с интересом расспрашивала мастерицу о том, как создавался шедевр.

Тетя Марина всегда общалась с Богом. Он, будучи Сердцеведцем, открыл ей кое-что в тот вечер. В следующий приезд она подошла к девочке, протянула пакет и сказала: «Это тебе!» Заглянув внутрь, Оля сначала не поверила своим глазам, а потом не могла нарадоваться такому подарку. Несколько лет подряд она надевала сшитое платье по воскресеньям в церковь.

Со временем родители оправились, и всем стало легче. Мама снова принялась перешивать вещи для своих дочек. Потом начали привозить гуманитарную помощь, и красивых вещей в семье появилось больше. Открылись кооперативы, рынки, люди стали привозить из-за границы модные костюмы.

У Оли будет еще немало таких платьев: коротких и длинных, черных и красных, с розочками и в полоску. Сейчас у нее в гардеробе висит несколько десятков нарядов. Оля до сих пор любит их носить и делиться ими: наденет несколько раз и отдаст кому-то.

А вот подарок Марины, к сожалению, не сохранился, но, оказывается, Оля носила его в сердце всю последующую жизнь! Носила, даже не подозревая этого, как вдруг воспоминание о нем всплыло в памяти. Причем не как данность-событие. Оно ожило вместе с нахлынувшими эмоциями. Только сейчас Оля поняла, насколько в тот момент ей необходимо было это платье, чтобы согреть ее сердце теплом и заботой, не дать юной душе зачерстветь и ожесточиться из-за неотвеченных вопросов, страхов за папу, горькой обиды и жалости к себе. То тонкое струящееся платье с рукавчиками-фонариками навсегда оставило в памяти Оли неизгладимый отпечаток.

УРОК

•

Мы живем в мире, который с каждым днем становится более ярким, шумным и визуализированным. Сегодня трудно себе представить, что совсем недавно не было соцсетей, а все газеты, фотографии и фильмы создавались исключительно черно-белыми. Из-за обилия представленной информации мы много смотрим, но при этом мало что видим.

К сожалению, даже самые дорогие, самые близкие и родные нам люди тоже могут примелькаться. Как и каждый родитель, мы с восторгом и трепетом держим на руках своих новорожденных младенцев, считая их чудом свыше, и с умилением смотрим на их мирное спящее личико.

Проходит время, дети растут, мы радуемся их новым успехам, делаем зарубки на стене, отмечаем их рекорды и снова радуемся. Но однажды они догоняют нас по росту, и нам становится с ними трудно, причем с каждым из них по-своему.

Однако есть один универсальный способ, который поможет родителям пережить этот непростой период.

Нам, папам и мамам подростков, нужно максимально приблизиться к нашему Небесному Отцу. Буквально «прислониться» к Нему всем своим естеством, чтобы понять настоящую Отцовскую любовь. Прочувствовав ее всем сердцем, мы сможем передать ее своим детям.

Божественная любовь животворит.

Эта любовь умеет замечать недостатки, «шероховатости» характера, избыток гормонов и, покрывая их собой, выравнивать все несовершенства. Она способна видеть и согревать не только своих детей, но и тех, кто им не родной по крови. Такая любовь может обнять «ежиков», «гадких утят» и творит настоящие чудеса — она согревает сердца.

НЕЗАБУДКИ

•

«А теперь пребывают сии три:
вера, надежда, любовь;
но любовь из них больше».

1 Коринфянам 13:13

ЗАКЛЮЧЕНИЕ

Второй шанс на счастливое детство

К сожалению, мы живем на грешной земле, где детство не всегда бывает счастливым. Но, несмотря на это, прошлое не должно тянуться за нами и омрачать нашу жизнь.

К счастью, у нас, верующих, есть Бог, Который исцеляет израненные души, помогает забыть обиды и избавиться от боли прошлого. Образно говоря, избавиться от шипов на сорняках в букете незабудок — незабываемых историй нашего детства.

Нам не под силу повернуть время вспять и что-то исправить, подкорректировать ошибки или же предотвратить трагедию. Но мы верим в Живого Бога, Который послал на землю Своего Сына, Иисуса Христа, чтобы искупить нас от греха и смерти. В Нем и посредством Его крови мы очищаемся от разочарований детства, учимся любить и прощать, как любил и прощал Он.

Воскресший Христос теперь пребывает с нами и продолжает Свою миссию нашего спасения, примирения и восстановления.

Пророк Исаия описал это так:

«Дух Господа Бога на Мне, ибо Господь помазал Меня *благовествовать нищим*, послал Меня *исцелять сокрушенных сердцем*, проповедовать *пленным освобождение* и *узникам открытие темницы*, проповедовать лето Господне благоприятное и день мщения Бога нашего, *утешить всех сетующих*, возвестить сетующим на Сионе, что им *вместо пепла дастся украшение, вместо плача — елей радости, вместо унылого духа — славная одежда*, и назовут их сильными правдою, *насаждением Господа во славу Его*» (Ис. 61:1-3, выделено автором).

Через искупление Бог дает нам второй шанс, возможность снова вернуться в свои ранние годы, участвуя в детстве наших детей, и сделать все возможное, чтобы оно было счастливым. Видя улыбки на их лицах, мы заново переживаем радости юных лет, утраченные когда-то, и погружаемся в неземную любовь Творца.

А что же делать с букетом незабудок? Поставить в «вазу» своей жизни только самое доброе и не держать обиды на родителей, ведь, как бы там ни было, они старались изо всех сил и хотели для нас самого лучшего. Пора простить тех, у кого этого не получилось, и не дать «сорнякам» колоть нам руки. Ведь нам нужны сильные и нежные руки, чтобы обнимать своих детей.

Кроме того, важно помнить, что у нас, верующих, есть Бог Отец. Он — совершенный и бесконечно любящий Родитель, Который больше всех поддерживает нас, учит и служит примером для подражания. В Его любви мы находим силу и мудрость.

Пришла наша очередь дарить жизнь, воспитывать и растить детей. У каждого из них соберется своя «коллекция» историй, свой букет незабудок. Что в нем будет преобладать — «сор» или яркие цветы-воспоминания, — во многом зависит от нас. Какая ответственность и одновременно какая привилегия! Мы — творцы их детства. И пусть в нашей жизни сбываются слова пророка Малахии:

«А для вас, благоговеющие пред именем Моим, взойдет Солнце правды и исцеление в лучах Его… И он обратит сердца отцов к детям и сердца детей к отцам их…» (Мал. 4:2, 6).

Незабудки из твоего детства

Незабудки из твоего детства

Незабудки из твоего детства

Незабудки из твоего детства

Незабудки из твоего детства

Незабудки из твоего детства

НЕПОБЕЖДЕННЫЕ

Нелегкий путь обыкновенных женщин и их необыкновенная вера

Оля Ярош

НЕПОБЕЖДЕННЫЕ

Нелегкий путь обыкновенных женщин
и их необыкновенная вера

В этой книге собраны истории женщин, которые лично для Оли Ярош являются примером и источником вдохновения. Некоторые из них — ее современницы: бабушка, мама и подруги; другие говорят к ней со страниц Библии. Вместе вы можете пережить их радости, горе, сомнения и победы и, возможно, по-новому прочитать давно знакомые библейские рассказы. Каждая глава этой книги, как и каждая женщина, — уникальна и может повлиять на вашу жизнь сегодня.

Автор открывает для себя и делится с нами жизненными уроками:

О БОГЕ, О НАС САМИХ, О ЖИЗНИ И
О ТЕХ КАЧЕСТВАХ, БЛАГОДАРЯ КОТОРЫМ,
ПРЕОДОЛЕВАЯ ЖИЗНЕННЫЕ ТРУДНОСТИ,
МЫ ВСЕ СМОЖЕМ ДОЙТИ ДО ФИНИША
НЕПОБЕЖДЕННЫМИ.

www.ingramcontent.com/pod-product-compliance
Lightning Source LLC
LaVergne TN
LVHW010330070526
838199LV00065B/5711